Christoph Nagel

FC St. Pauli.

Michael Pahl

ALLES DRIN.

Hoffmann und Campe

AB 017 **WUNDERGLÄUBIGE**

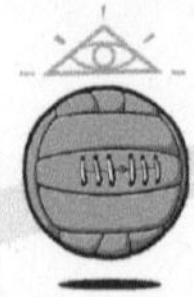

AB 001 **EILIGE**

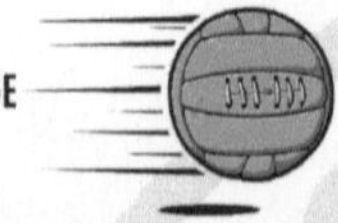

AB 001 **GRUNDLAGENFORSCHER**

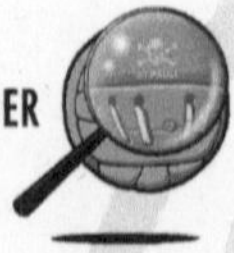

AB 001 **STADIONROMANTIKER**

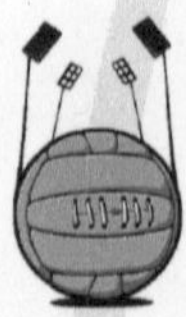

AB 001 **MILIEUNÄRE**

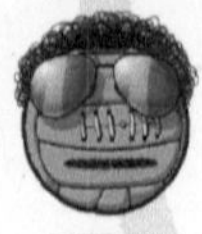

AB 003 **GOLDKEHLCHEN**

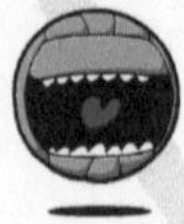

AB 002 **RHETORIKER**

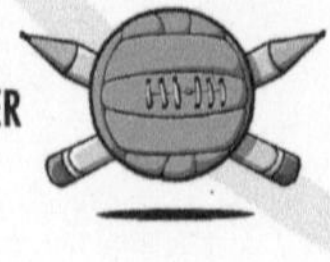

AB 024 **PUNKER**

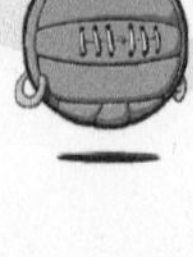

Was macht den FC St. Pauli so besonders? Ob Sie es eilig haben oder ausführliche Grundlagenforschung betreiben wollen: Hier finden Sie Antworten. Mit diesem vergnüglichen Almanach trumpfen Sie beim ersten Stadionbesuch genauso auf wie bei der hundertsten Auswärtsfahrt. Gehen Sie auf Ihre ganz persönliche Entdeckungsreise durch die Welt der Kiezkicker und ihrer Fans. Auf eigene Faust – oder auf unseren ausgeschilderten Themenpfaden.

KATASTROPHENTOURISTEN AB 004

FRISCH VERLIEBTE AB 001

PERLENTAUCHER AB 011

Die Zahlen an den Icons weisen Ihnen den Weg: zum nächsten Wunder, zur nächsten Katastrophe, zur nächsten Perle.
Sind Sie frisch verliebt in den FC St. Pauli? Oder ein Groundhopper auf der Suche nach dem Auswärtskick? Suchen Sie Gesprächsstoff für heiße Stammtischdiskussionen? Haben Sie einen Hang zu Stadionromantik oder eher zu Verschwörungstheorien? Der Anstoßkreis ist hier. Wie Sie das Spiel eröffnen, liegt an Ihnen. Los geht's – es ist alles drin.

GROUNDHOPPER AB 007

ERFOLGSORIENTIERTE AB 011

STAMMTISCHSTRATEGEN AB 004

VERSCHWÖRUNGSTHEORETIKER AB 022

BANKER AB 008

2., aktualisierte Auflage 2022

Hoffmann und Campe Verlag, Hamburg
www.hoffmann-und-campe.de
Illustrationen: Helge Jepsen
Satz: Dörlemann Satz, Lemförde
Gesetzt aus der ITC Slimbach und Futura
Druck und Bindung:
CPI books GmbH, Leck
Printed in Germany
ISBN 978-3-455-50179-7

HOFFMANN
UND CAMPE

Ein Unternehmen der
GANSKE VERLAGSGRUPPE

Tor, Tor, Millerntor

001

Mitten in Hamburg, nur einen Steinwurf von der Reeperbahn entfernt, liegt eines der stimmungsvollsten Fußballstadien Deutschlands: das Millerntor-Stadion, Heimat des FC St. Pauli. »Tor, Tor, Millerntor!«, rufen die Fans, wenn sie einen Treffer für ihre Mannschaft herbeischreien wollen. Dass das ursprüngliche Millerntor tatsächlich ein Tor war (wenn auch keins aus Aluminium), weiß längst nicht jeder.

Vor über 750 Jahren war das Millerntor ein Teil der Stadtbefestigung Hamburgs. Möglich, dass es seinen Namen erhielt, weil es das mittlere von drei Stadttoren war. Das Millerntor gewährte Menschen und Waren Durchlass und verband die Stadt Hamburg mit der späteren »Vorstadt St. Pauli« (damals noch »Hamburger Berg«). Die Hamburger behandelten St. Pauli lange Zeit wie Ausland: Wer von dort Waren einführen wollte, musste eine Zollgebühr zahlen. Mit Einsetzen der Dunkelheit schloss das Stadttor. Entsprechend groß war die Freude, als die verhasste »Torsperre« in der Silvesternacht 1860/61 aufgehoben wurde.

Erst seit 1894 ist St. Pauli offiziell ein Stadtteil Hamburgs – und damit auch das Heiligengeistfeld, auf dem das Stadion des FC St. Pauli steht. Hier spielten die Mitglieder der »Wunderelf« um die Deutsche Meisterschaft *(siehe 017)* und die »Weltpokalsiegerbesieger« um den Klassenerhalt *(siehe 107)*, hier erhob Verteidiger Walter Frosch die Grätsche zur Kunstform *(siehe 048)*, hier hielten in den 80er Jahren die Totenköpfe Einzug *(siehe 065)* – und hier lehrt der »Millerntor Roar« die Gegner das Fürchten *(siehe 068)*. Doch zunächst mussten aus Vorstadtbewohnern begeisterte Stadionbesucher werden – und aus strammen Turnern leidenschaftliche Fußballer.

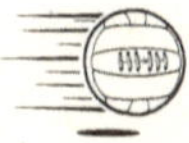

005

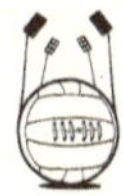

008

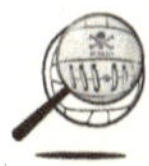

002

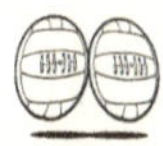

005

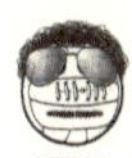

011

002 Am Anfang war das Turnen

001

005

Die Geschichte des Fußballs auf St. Pauli begann vor 150 Jahren mit der zweitschönsten Nebensache der Welt – dem Turnen. Als 1861 die Torsperre zwischen Hamburg und der »Vorstadt St. Pauli« aufgehoben wurde *(siehe 001)*, nutzten der »Hamburger Männer-Turnverein« und der »Turnverein in St. Pauli und vor dem Dammthore« die Gunst der Stunde: Sie fusionierten und kauften ein gemeinsames Grundstück außerhalb der Stadtmauern, um dort eine Turnhalle zu bauen (1862 wurde sie an der Feldstraße eingeweiht). Zuvor jedoch lieferten sich die Funktionäre beider Vereine heiße Debatten darüber, wie der neue, gemeinsame Verein heißen solle. Schließlich einigten sich die Streithähne und hoben den »Hamburg-St. Pauli-Turnverein von 1862« aus der Taufe. Sie konnten nicht ahnen, dass sie damit auch den Vorläuferverein des FC St. Pauli erschaffen hatten. Denn 1896 gründete sich im Turnverein eine »Spielabteilung«, in der ab 1899 auch Fußball gespielt wurde. Zwar trennten sich 1924 die Wege von Fußballern und Turnern *(siehe 009)*, der Hamburg-St. Pauli-Turnverein jedoch besteht bis heute.

008

»Wer nicht liebt Wein, Weib und Gesang, der wird kein Turner sein Leben lang.«

Aus einem Flugblatt des »Hamburg-St. Pauli-Turnvereins« (1881)

Das Herz von St. Pauli

003

Musik: Michael Jary/Text: Arno Gillo.
Original gesungen von Hans Albers, am Millerntor wird die Version der Punkband Phantastix als Stadionhymne gespielt.

012

Das Herz von St. Pauli,
das ist meine Heimat.
In Hamburg, da bin ich zu Haus.
Der Hafen, die Lichter,
die Sehnsucht begleiten
das Schiff in die Ferne hinaus.

Das Herz von St. Pauli,
das ruft dich zurück.
Denn dort an der Elbe,
da wartet dein Glück.
Das Herz von St. Pauli,
das ist meine Heimat.
In Hamburg, da bin ich zu Haus.

Die Elbe, der Michel,
der Kurs ist immer gut.
St. Pauli, die Freiheit,
das liegt uns so im Blut.
Und hat das Lebensschiff ein Leck,
in Hamburg bleiben wir an Deck,
in Hamburg, ja, da bleiben wir an Deck.

1907

004 Leichte Gegner, schwere Kost

1907 trugen die Kiezkicker ihr erstes Wettspiel aus – gegen den Schwimmverein (!) »Aegir«. Doch der vermeintlich
007 leichte Gegner erwies sich als ebenbürtig: Endstand 1:1. Das erste Ergebnis der Fußballgeschichte des FC St. Pauli war somit ein mittelmäßiges Unentschieden gegen einen schlagbaren Gegner – ein perfektes Orakel für die sport-
007 liche Zukunft des Vereins. Im zweiten Spiel lief es für die St. Paulianer erheblich besser, und die Schwimmer gingen mit 1:7 baden.

Im siebten und letzten Wettspiel des Jahres 1907 testeten die Kiezkicker erneut die Leidensfähigkeit ihrer Zuschauer: Am 1. Dezember führten sie gegen den Nienstedtener Sport-Club bis zur 90. Minute 1:0, kassierten dann aber durch eine Unachtsamkeit nach einer Ecke den Ausgleich. Das jagt auch manchem St. Pauli-Fan heutiger Tage gruselig-vertraute Schauer über den Rücken.

1909

005 St. Pauli wird braun-weiß

001 Es sind nicht nur die schönsten Vereinsfarben der Welt, sondern vielleicht auch die seltensten: In Braun-Weiß spielt nur eine Handvoll Fußballvereine weltweit.

006 »Erfinder« von St. Paulis Vereinsfarben war Amandus Vierth, einst aktiver Fußballer der 4. Herrenmannschaft im
002 Hamburg-St. Pauli-Turnverein, dem Vorläuferverein des FC St. Pauli. Vierth forderte eine einheitliche Sportbekleidung für die Fußballer: dunkelbraune Jerseys mit weißen
006 Aufschlägen und weiße Hosen. Sein Antrag wurde am 21. Mai 1909 angenommen. Zu Vereinsfarben wurden Braun und Weiß allerdings erst 15 Jahre später, als sich die Fuß-

FK Ørn Horten (Norwegen)

SV Billstedt-Horn von 1891 e.V. (Hamburg)

FTSV Komet Blankenese von 1907 e.V. (Hamburg)

R.K.S. Garbarnia Kraków (Polen)

Club Atlético Platense (Argentinien)

Brown Bears (Providence, RI, USA)

Geschmackssichere Sportler: Auch diese Vereine spielen in Braun-Weiß

baller vom Turnverein abspalteten und den »FC St. Pauli« gründeten *(siehe 009)*.

Über die Gründe für die außergewöhnliche Farbwahl spekulieren viele Fans noch heute, gerade Braun ist keine klassische Farbe der Heraldik (Wappenlehre). Ein politischer Beigeschmack lässt sich ausschließen: 1909 war die Farbe Braun noch nicht entsprechend besetzt. Gaben vielleicht praktische Gründe den Ausschlag, und brauner Stoff war leicht und günstig zu bekommen? Harald Vierth, Amandus' Enkel, glaubt an eine ganz einfache Erklärung: »Laut Familienüberlieferung waren alle anderen Farbkombinationen einfach schon vergeben«, sagt er heute.

Weiß hingegen ist die klassische Farbe der Turner und war im Hamburg-St. Pauli-Turnverein für alle Nichtkicker vorgeschrieben. Gut möglich, dass sich die Fußballer durch die Wahl dieser Farbe demonstrativ zu »ihrem« Turnverein bekennen wollten – gerade weil sie von den Turnern stets kritisch beäugt wurden.

006 1910: Der Beitritt

005
009
005
007
005
007

Das offizielle Gründungsjahr des FC St. Pauli ist 1910. In Wahrheit aber wurde in diesem Jahr gar nichts gegründet – sondern lediglich beigetreten: Die Spielabteilung des Hamburg-St. Pauli-Turnvereins *(siehe 002)* schloss sich im Frühjahr dem Norddeutschen Fußball-Verband (NFV) an. Wann genau der Beitritt erfolgte, ist bis heute unklar; in der Satzung des FC St. Pauli ist seit einigen Jahren der 15. Mai 1910 als offizielles Gründungsdatum verankert.

Der Grund für den Beitritt: Ohne Zugehörigkeit zum NFV fanden die St. Paulianer kaum noch Gegner für Wettspiele. Ab der Saison 1910/11 konnten die Kiezkicker nun am regulären Punktspielbetrieb teilnehmen.

Ein halbes Jahr vorher war den St. Paulianern schon ein vorläufiger Beitritt gelungen, denn sie spielten – außer Konkurrenz – in der Rückrunde der Saison 1909/10 mit. Das erste Pflichtspiel des späteren FC St. Pauli gegen die 3. Mannschaft des SC Germania 1887 (eines Vorläufervereins des HSV) am 30. Januar 1910 gewannen die Braun-Weißen 2:0 – und das, obwohl sie nur mit neun Spielern antraten.

Ihre erste reguläre Saison 1910/11 spielten die St. Paulianer in der 1C-Klasse (3. Liga). Als sich die Fußballer 1924 vom Turnverein trennten und den FC St. Pauli gründeten *(siehe 009)*, legten sie das Jahr ihres Beitritts zum NFV rückwirkend als offizielles Gründungsjahr fest.

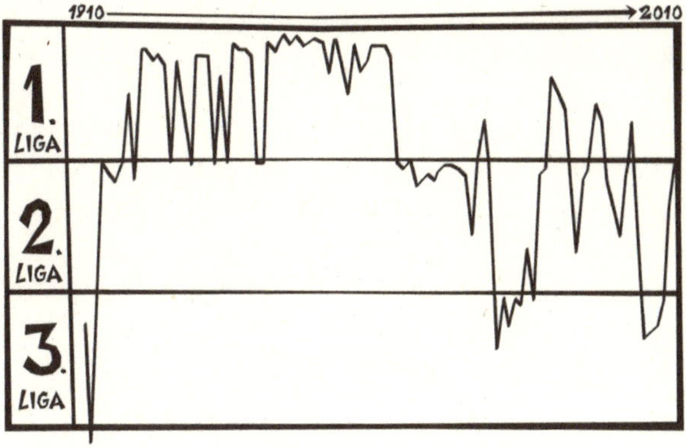

100 Jahre Fußballfieber: die Ligakurve des FC St. Pauli

1910

Auswärts tut weh

007

Bereits 1910 absolvierten die Kiezkicker ihre ersten Auswärtsspiele – und die Premiere war gleich international: Es ging über die Reichsgrenze nach Dänemark. Die Fahrt mit Bahn und Dampfer wurde offiziell als Osterausflug deklariert und kostete 15 Mark. »Wenn auch die Unsrigen nicht siegreich heimkehrten, so haben sie doch viel gelernt«, beschönigte die Vereinszeitung die beiden saftigen Niederlagen gegen Svendborg (2:6 und 0:6).

Auch das erste innerdeutsche Auswärtsspiel im gleichen Jahr verlief desaströs. Auf einem Kasernenhof in der weltbekannten Fußballmetropole Cuxhaven blamierten sich die St. Paulianer gegen eine Matrosenauswahl mit 0:5.

020
004 014
004 022

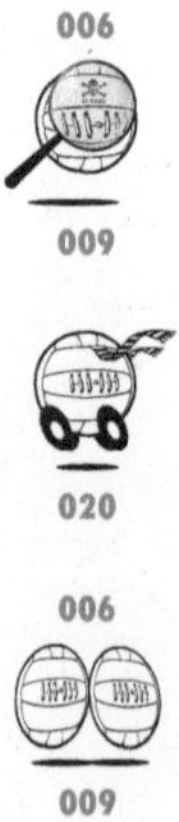

Auswärtsfahrtenordnung des Fanladens des FC St. Pauli (Auszug, Stand 2010)

1. Es ist den TeilnehmerInnen untersagt, andere Mitreisende durch ihr Verhalten (sei es durch übermäßigen Alkohol/Drogenmissbrauch oder nüchtern) zu gefährden.

2. Tätliche Auseinandersetzungen zwischen einzelnen Fans führen mit sofortiger Wirkung zu einem Ausschluss von der Weiterfahrt (nächster Rastplatz/Bahnhof).

3. Bei Beschädigungen der angemieteten Busse oder Bahnwaggons ist der Fanladen davon unverzüglich zu informieren. Bei Schäden, die nach Beendigung der Fahrt festgestellt werden, wird den PlatzinhaberInnen der Schaden in Rechnung gestellt.

4. Der Platz im Bus oder der Bahn ist bei Beendigung der Fahrt sauber zu hinterlassen. Bei Nichteinhaltung kann dem/der TeilnehmerIn eine eventuelle Reinigung in Rechnung gestellt werden.

5. Genauso wie im Millerntor-Stadion gilt auch bei den vom Fanladen organisierten Fahrten: Wer rassistische, fremdenfeindliche, antisemitische Äußerungen/Bemerkungen gegenüber anderen FahrtteilnehmerInnen von sich gibt oder andere aufgrund des Geschlechts bzw. sexueller Neigung beleidigt oder belästigt, kann mit einem sofortigen Ausschluss von der Weiterfahrt belegt werden (nächster Rastplatz/Bahnhof). Dieses gilt auch für ein solches Verhalten im jeweiligen Stadion oder auf dem Weg dorthin.

Mit dem Kauf einer Fahrtkarte für die vom Fanladen organisierten Fahrten (egal ob Bus, Bahn oder Sonderzug) wird die Auswärtsfahrtenordnung anerkannt.

Die Erfindung der Dauerkarte 008

»Der Sportplatz am Millerntor hat sein Stammpublikum«, berichtete die Vereinschronik über die Frühzeit des Fußballs auf St. Pauli. Und für dieses Stammpublikum ließen sich die St. Paulianer im August 1913 etwas Besonderes einfallen: Es sollten »Vorverkaufskarten für sämtliche Fußballwettspiele zum Preis von 2 Mark ausgegeben werden«. Ob diese ersten Dauerkarten wohl ähnlich begehrt waren wie heute?

018 001 010

Wenig später beschlossen die St. Paulianer, Amandus Vierth, der »Erfinder« der braun-weißen Vereinsfarben *(siehe 005)*, solle »in Zukunft kein Eintrittsgeld für Spiele, die auf unserem Platze stattfinden, zahlen«. Die lebenslange Dauerkarte war erfunden! Und das 90 Jahre bevor der FC St. Pauli (dieses Mal aus Geldnot) von dieser Möglichkeit erneut Gebrauch machte *(siehe 111)*.

»Wir brauchen mehr Dauerkarten!«

Björn Beton, Mitglied der Band Fettes Brot, in einem verzweifelten Song über die Kartenknappheit beim FC St. Pauli (2007)

002 015

1924

Herzlichen Glückwunsch, es ist ein FC St. Pauli! 009

006 017

»Wegen der vorgebeugten, erbärmlichen Haltung, in welcher die Spieler dem Ball entgegen- und nacheilen, verabscheue ich das Fußballspiel. Es sollte auf keinem deutschen Turnplatz Eingang finden!« So beschwerte sich der Pädagoge Otto Jäger bereits 1895 – und stand mit seiner Meinung nicht allein da. Die ordnungsliebenden Turner verachteten die unkoordiniert wirkenden Bewegungsabläufe im Fußball, der auch noch aus dem verhassten Eng-

007 land stammte. In seiner Schmähschrift »Fußlümmelei – über Stauchspiel und die englische Krankheit« wetterte der Turnlehrer Karl Planck gar, das Fußballspiel erniedrige
013 »den Menschen zum Affen«.

Auch beim Hamburg-St. Pauli-Turnverein *(siehe 002)*
007 hatten die Fußballer von Anfang an mit Angriffen der Turner zu kämpfen. Zum endgültigen Bruch zwischen Turnern und Fußballern kam es 1924: Die Deutsche Tur-
019 nerschaft untersagte allen Mitgliedern ihrer Vereine, an Wettkämpfen der Spiel- und Sportorganisationen (zum Beispiel der Fußballverbände) teilzunehmen. Diese sogenannte »reinliche Scheidung« betraf auch die Fußballer des Hamburg-St. Pauli-Turnvereins: Wenn sie weiter am Ligabetrieb des Norddeutschen Fußball-Verbandes (NFV) teilnehmen wollten, blieb ihnen nichts anderes übrig, als sich von ihrem Stammverein zu trennen und einen eigenen Verein zu gründen.

So fand am 5. Mai 1924 die Gründungsversammlung des FC St. Pauli statt. Als Gründungsjahr legten die Mitglieder 1910 fest: das Jahr des Beitritts zum NFV *(siehe 006)*. Ein gutes Jahr später, am 28. Mai 1925, wurde der »FC St. Pauli von 1910 e.V.« offiziell in das Vereinsregister eingetragen, und die Trennung vom Hamburg-St. Pauli-Turnverein war endgültig vollzogen.

1925

010 Lange Hosen, kurzer Rasen

008 Dass die Hosen der Fußballer in frühen Jahren oft bis über die Knie reichten, hatte nicht nur modische Gründe: Die langen Beinkleider schützten vor Hautabschürfungen. Denn häufig wurde nur auf Grand gespielt – auch auf St. Pauli.
011 Das änderte sich 1925: Die Braun-Weißen investierten 6000 Mark in einen Rasenplatz, den sie am 23. August 1925 mit einem Punktspiel gegen Eimsbüttel einweihten.

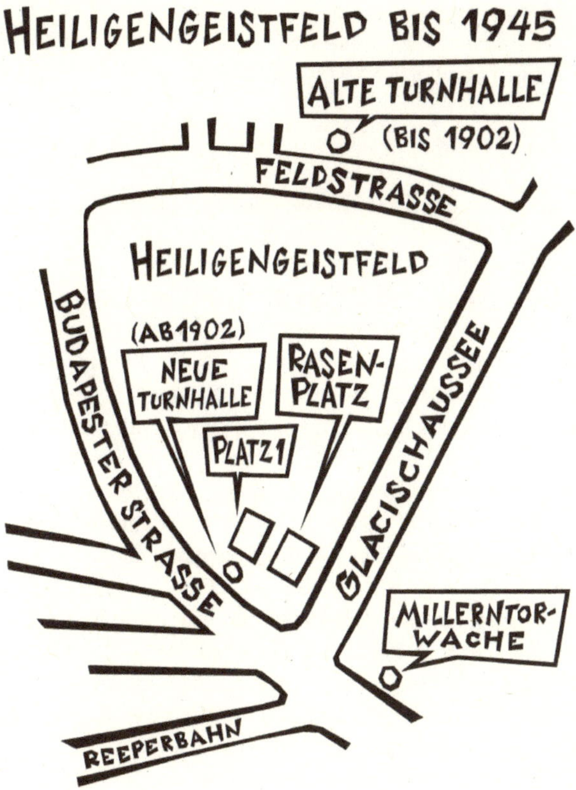

Die Presse freute sich über den neuen Untergrund, der sich »wie ein Teppich von dem Grau des Heiligengeistfeldes« abhob; wie geschaffen für filigrane Techniker und Freunde der feinen Spielkultur! Kein Wunder, dass St. Pauli das Einweihungsspiel mit 0:3 verlor …

Der Platz des FC St. Pauli lag an der Ecke Budapester Straße (damals: Eimsbütteler Straße) und Glacischaussee; der Eingang befand sich ungefähr dort, wo heute der Ausgang der U-Bahn-Station »St. Pauli« auf dem Heiligengeistfeld liegt. Auch die folgenden Spielstätten des FC St. Pauli lagen alle an dieser Stelle – bis das Stadion 1961 an seinen heutigen Standort verlegt wurde *(siehe 034)*.

1930

011 Geheimwaffe: Schmalzkuchen

014
010 014
001 038
021

Spielte der FC St. Pauli in den 20er und 30er Jahren am heimischen Millerntor, kam ihm oft ein »zwölfter Mann« zu Hilfe. Das waren allerdings nicht die braun-weißen Fans – sondern das Volksfest »Hamburger Dom«. Damals gab es noch keine Zuschauertribünen; die Buden der Schausteller und Gaukler reichten bis an den Spielfeldrand. Direkt hinter dem Tor polterte eine Achterbahn über hölzerne Schienen, laute Musik schallte von überall her. Und das trieb viele gegnerische Mannschaften in den Wahnsinn, wenn man zeitgenössischen Spielberichten glauben darf.

»Der HSV wird heilfroh sein, sein Spiel gegen den FC St. Pauli am Millerntorplatz mitten im Trubel des Domes hinter sich zu haben«, berichtete eine Zeitung im Dezember 1925: »Die klare Winterluft war erfüllt von den mehr oder minder reizvollen Düften der Waffel- und Wurstbuden ringsum, dazu der sinnverwirrende Lärm der Dommusik. Es ging schon an die Nerven!« Die HSVer hatten große Mühe, sich zu konzentrieren: »Unter den Klängen des Dollarprinzessin-Walzers spielte sich der Sturm der Rothosen eine böse Naht zusammen.« Am Ende siegte der HSV dennoch 6:2.

Schlechter erging es Altona 93 im Winter 1930. »Bei Bratwurst- und Schmalzkuchengeruch unterhielt ein Lautsprecher, der Hamburger Döntjes zum Besten gab, die Massen«, berichtet eine Tageszeitung. »Ein Feuerwerk der beliebtesten Gassenhauer prasselte auf die Spieler und das Publikum herab, dass einem mehr nach Tanzen als nach Spielen oder Betrachten und Kritisieren zumute war.« Vor so viel Lustigkeit mussten die Altonaer schließlich kapitulieren und gaben sich 1:2 geschlagen.

Trotz der Tribünen, die heute den Gegner vor dem »Dom« schützen: Noch immer meinen viele, dass der FC St. Pauli besonders erfolgreich spielt, wenn sich das Riesenrad auf dem Heiligengeistfeld dreht.

Auf der Reeperbahn nachts um halb eins 012

Text: Alfred Müller-Förster, Musik: Ralph Arthur Roberts. »Auf der Reeperbahn nachts um halb eins« ist berühmt durch Hans Albers und fast so alt wie der FC St. Pauli: 1911 wurde das Lied erstmals öffentlich aufgeführt – im »Neuen Operetten-Theater« an der Reeperbahn. Am Millerntor erklingt es häufig gegen Ende erfolgreicher Spiele; viele Fans haken sich dazu unter und schunkeln.

003

028

Silbern klingt und springt die Heuer,
heut speel ick dat feine Oos!
Heute, da ist mir nichts zu teuer,
morgen geht ja die Reise los.
Langsam bummel ich ganz alleine
die Reeperbahn nach der Freiheit rauf.
Treffe ich dann eine Blonde, recht feine,
die gabel ich mir auf.

Bridge:
Komm doch, liebe Kleine,
sei die Meine, sag nicht nein!
Du sollst bis morgen früh um neune
meine kleine Liebste sein.
Is' es dir recht, na dann bleib ich dir
treu sogar bis um zehn!
Hak' mich unter, wir wollen
zusammen mal bummeln gehn.

Refrain:
Auf der Reeperbahn nachts um halb eins,
ob du 'n Mädel hast oder ob keins,
amüsierst du dich,
denn das findet sich,
auf der Reeperbahn nachts um halb eins.
Wer noch niemals in lauschiger Nacht
einen Reeperbahnbummel gemacht,
ist ein armer Wicht,
denn er kennt dich nicht,
mein St. Pauli, St. Pauli bei Nacht.

Kehr ich heim im nächsten Jahre,
braun gebrannt wie so 'n Hottentott,
hast du deine blonden Haare
schwarz gefärbt, vielleicht auch rot.
Grüßt dich dann mal ein fremder Jung,
und du gehst vorüber und kennst ihn nicht,
kommt dir vielleicht die Erinnerung wieder,
wenn leis' er zu dir spricht:

Bridge/Refrain

1933

013 »Führerprinzip« beim FC St. Pauli

009
015

Die »Machtergreifung« der Nationalsozialisten im Januar 1933 veränderte auch den Sport drastisch. Die »Gleichschaltung« des gesellschaftlichen und politischen Lebens in Deutschland machte vor dem Fußball nicht halt. Fortan ersetzte das »Führerprinzip« demokratische Strukturen und Gremien – auch beim FC St. Pauli. »In der Mai-Versammlung 1933 wird Wilhelm Koch zum Vereinsführer gewählt«, schreibt die Vereinschronik von 1935. Tatsächlich aber durften die Vereinsmitglieder nicht mehr wirklich wählen, sondern lediglich einen »Vereinsführer« vorschlagen. Dieser musste dann von den nationalsozialistischen Machthabern noch bestätigt werden; eine Abberufung war jederzeit möglich. Ein »Vereinsführer« war also abhängig vom Wohlwollen regionaler NS-Größen – ein möglicher Grund dafür, dass Wilhelm Koch 1937 in die NSDAP eintrat *(siehe 015)*.

1935

Knie nieder, St. Pauli! Die Bauern sind zu Gast …! 014

011 016 007 029 011 020

Hamburgs Stadtväter hatten sich bereits 1900 vertraglich ein Mitnutzungsrecht an St. Paulis Sportplatz gesichert, und das nahmen sie gnadenlos in Anspruch. So mussten die St. Paulianer ihren schönen Rasenplatz im März 1929 für eine landwirtschaftliche Ausstellung räumen – davon erfuhren sie allerdings erst, als sie vor ihrem vernagelten Platz standen.

Während sich die Bauern samt Vieh und Gerät auf dem Fußballfeld tummelten, mussten die Kiezkicker fast zehn Wochen lang auf andere Plätze in der Umgebung ausweichen. Dann ging die Ausstellung pleite.

Das tröstete die St. Paulianer jedoch kaum: Ihr Platz war vollkommen ruiniert, das Gras vertrocknet. Die dicken Wasserschläuche der zu Hilfe gerufenen Feuerwehr konnten den Rasen auch nicht mehr retten. Den St. Paulianern blieb nur die bittere Klage über das »Trauerspiel, auf einem solchen Platz inmitten von Staubwolken Fußball spielen zu müssen«. Auch als der FC St. Pauli 1933 eine neue Sportanlage errichtete, währte die Freude nicht lange: Im Frühjahr 1935 war es die »Reichsnährstands-Ausstellung«, die unter dem Motto »Blut und Boden« die »Erzeugerschlacht« auf dem Heiligengeistfeld ausrief und den FC St. Pauli von seinem Platz vertrieb. Zehntausende Besucher zertrampelten die zarten Halme, Gräben wurden mitten durch das Spielfeld gezogen, und wo später Trainerbänke standen, errichteten wackere Bauersleute Kartoffelverschläge und gemauerte Stallungen.

Es dauerte mehr als ein Jahr, bis die St. Paulianer ihr Spielfeld wieder hergerichtet hatten. In der Zwischenzeit mussten sie alle Heimspiele auf fremden Plätzen austragen. Trotz des »Auswärtszwangs« wurden die Braun-Weißen 1936 Meister der Bezirksliga und stiegen in die damals höchste Spielklasse, die »Gauliga«, auf.

1937

015 Ein Parteibeitritt mit Folgen

013
017

1931 wählten die Mitglieder des FC St. Pauli Wilhelm Koch zu ihrem Vereinspräsidenten. Zwei Jahre später wurde aus dem Präsidenten ein »Vereinsführer« – schuld daran war die Einführung des »Führerprinzips« auch in den Sportvereinen (*siehe 013*).

Nachweisen lässt sich politischer Druck auf Wilhelm Koch zwar nicht, aber ein Gutachten des Historikers Frank Bajohr von 1998 deutet an, dass möglicherweise »an Wilhelm Koch informell oder formell die Erwartung herangetragen wurde, der NSDAP beizutreten«.

Im Juli 1937 stellte Koch einen Antrag auf Mitgliedschaft in der NSDAP. Sein Parteibeitritt wurde zurückdatiert auf den 1. Mai 1937 – jenen Tag, an dem die seit vier Jahren bestehende Aufnahmesperre für die NSDAP gelockert worden war. Kochs Parteibeitritt war Teil eines Masseneintritts von ungefähr 1,5 Millionen Personen, darunter viele Beamte und gesellschaftliche Funktionsträger.

Nach dem Zweiten Weltkrieg musste sich Koch einem Entnazifizierungsverfahren unterziehen und durfte dem FC St. Pauli drei Jahre lang nicht vorstehen. Am Ende des

Verfahrens stuften ihn die britischen Militärbehörden in die letzte von fünf Kategorien ein (»unbelastet«). 1948 wählten ihn die St. Paulianer erneut zu ihrem Präsidenten, und dieses Amt füllte Koch bis zu seinem Tod im Dezember 1969 aus. Wenige Wochen später stimmten die Vereinsmitglieder dafür, das Millerntor-Stadion in »Wilhelm-Koch-Stadion« umzubenennen.

1997 gab der FC St. Pauli ein Gutachten über Wilhelm Koch in Auftrag, nachdem dessen NSDAP-Mitgliedschaft bekannt geworden war. Zwar präsentierte der Historiker Frank Bajohr eher entlastende Ergebnisse, doch viele St. Pauli-Mitglieder waren der Ansicht, dass ein öffentliches Gebäude – und insbesondere das Stadion des FC St. Pauli – nicht den Namen eines ehemaligen NSDAP-Mitglieds tragen dürfe. 1998 beschloss die Jahreshauptversammlung mit 133 zu 77 Stimmen, dass die Spielstätte des FC St. Pauli in Zukunft wieder »Millerntor-Stadion« heißen solle.

»Insgesamt lässt sich der FC St. Pauli in der Zeit von 1933 bis 1945 weder als ein ›Nazi-Verein‹ charakterisieren, noch bildete er eine antifaschistische Insel in der deutschen Gesellschaft.«

Aus einem Gutachten des Historikers Frank Bajohr über Wilhelm Koch

008 017

1945

Stadion gebaut, Schalke demontiert

016

140 018

Das Ende des Zweiten Weltkriegs bedeutete auch für den FC St. Pauli einen totalen Neuanfang. Alliierte Angriffe hatten seinen Sportplatz vollkommen zerstört. Ein Bombenkrater inmitten des Spielfelds war so tief, dass er die Sicht auf die darunterliegenden Gleise der U-Bahn freigab. Noch im Juni 1945 begannen die Vereinsmitglieder mit dem Wiederaufbau.

Die Baubestimmungen für das Heiligengeistfeld waren streng; alle früheren Bauvorhaben der St. Paulianer hatten zu einem endlosen Papierkrieg mit den Behörden geführt. Umso entschlossener nutzen die Braun-Weißen die Nachkriegswirren, um vollendete Tatsachen zu schaffen: Sie errichteten in Rekordzeit ein Stadion mit drei 17-stufigen Stehtraversen und einer Sitzplatztribüne.

Der Stadionbau war reine Handarbeit: Die Vereinsmitglieder schleppten Steine, schaufelten Trümmerschutt in Loren und zogen sie vom Platz. Am 17. November 1946 weihte der FC St. Pauli sein neues Stadion mit einem Freundschaftsspiel gegen den FC Schalke 04 ein. Über 30000 Zuschauer im völlig überfüllten Rund sahen einen 1:0-Sieg der Braun-Weißen gegen den mehrfachen Deutschen Meister aus Gelsenkirchen.

Unzufrieden waren nur die Behörden der Stadt Hamburg. Sie bemängelten bereits 1947, der Verein habe sein Stadion ohne die erforderliche Genehmigung gebaut. Schon damals begann eine Debatte um die Verlegung des Millerntor-Stadions, die erst 1961 mit dem Umzug an den heutigen Standort endete (*siehe 034*).

1945

017 Die »Fleischlegionäre« kommen

009
019
015
019

Sächselnde Fußballer beim FC St. Pauli? Das war nach dem Zweiten Weltkrieg nicht die Ausnahme, sondern die Regel: Dem Verein gelang es, mehrere Spitzenspieler aus Dresden nach Hamburg zu locken. Während des Krieges hatte der St. Paulianer Karl Miller als Gastspieler beim Dresdner SC gekickt. Dresden gewann 1940 und 1941 den Deutschen Pokal und wurde 1943 und 1944 Deutscher Meister. Nach dem Krieg konnte Karl Miller seine ehemaligen Mannschaftskameraden überreden, beim FC St. Pauli anzuheuern und lotste so einige der besten Fußballer Deutschlands ans Millerntor. Das entscheidende Argument: die Schlachterei seines Vaters. Hier konnten die »Fleischlegionäre« nach Herzenslust schlemmen. »Dresden war ein Trümmerhaufen, Fußball unsere Rettung«, erinnert sich Verteidiger Heinz Hempel. Bald kannte jedes Kind die »Wunderelf« des FC St. Pauli, die kurz darauf zum Angriff auf die Deutsche Meisterschaft blasen sollte *(siehe 021)*.

021

»Es ging damals nicht ums Geld, sondern ums Sattwerden.«
Mittelfeldspieler Harald Stender

015
029

1946

Spiel vergessen, Beton bekommen 018

008
030
016
023

Mit kreativen Ideen Geld verdienen – eigentlich eine Paradedisziplin des FC St. Pauli. Doch *eine* Möglichkeit, seine Finanzen auf ganz unkomplizierte Weise aufzubessern, lässt der Verein seit Jahrzehnten ungenutzt: Keine Spendenbüchse steht neben dem Vereinswappen aus Beton auf dem Vorplatz der Südtribüne. Bekäme der FC St. Pauli nur zehn Cent für jeden, der sich hier fotografieren lässt – die Pinkelbecken im Millerntor-Stadion wären vielleicht aus Gold.

Die Geschichte des Betonwappens ist ebenso kurios wie bewegt: Der Zweite Weltkrieg war gerade zu Ende, da wollte der Präsident von »Rasensport Harburg« die hochgelobte »Wunderelf« des FC St. Pauli für ein Freundschaftsspiel engagieren. Da besagter Präsident gleichzeitig Inhaber eines Bauunternehmens war, einigte er sich mit den St. Paulianern auf eine ungewöhnliche Antrittsprämie: ein in Beton gegossenes Vereinswappen. Das Wappen wurde bald geliefert. Das verabredete Spiel jedoch geriet in Vergessenheit und fand nie statt.

Das drei Meter hohe Betonmonument thronte zunächst auf dem Eingangstor des damaligen Stadions an der Ecke

Glacischaussee/Budapester Straße *(siehe 016)*. Als das Millerntor-Stadion Anfang der 60er Jahre an seinen heutigen Platz verlegt worden war (*siehe 034*), »wanderte« das Wappen auf den Vorplatz der Südkurve an der Budapester Straße. Dort steht es noch heute.

Das ursprünglich betongraue Wappen ist mittlerweile braun, weiß und rot bemalt. Ein »Teer und Federn«-Attentat von HSV-Fans in der Nacht vor einem Regionalliga-Derby im Mai 2004 hat das Schmuckstück unbeschadet überstanden. Einige St. Pauli-Fans revanchierten sich für die Attacke auf kreative, wenn auch illegale Weise: Sie lackierten Uwe Seelers überdimensionalem Bronzefuß vor dem HSV-Stadion die Fußnägel braun-weiß.

1947

019 Ein neues Wappen – und keiner kriegt's mit ...

017 053 008 034 017 037

Das Wappen des Vorläufervereins des FC St. Pauli war so simpel wie passend: Das Emblem des »Hamburg-St. Pauli-Turnvereins« zeigte das Wappen der Stadt Hamburg und darunter den Schriftzug »St. Pauli«. Diese Bestandteile bilden bis heute auch die Basis des Wappens des FC St. Pauli. Als sich die Fußballer 1924 vom Turnverein trennten *(siehe 009)*, nahmen sie das Wappen des Turnvereins einfach mit. Gelegentlich ergänzten sie es durch ein »F.C.« (für »Fußballclub«), um sich von ihren turnenden Nachbarn abzugrenzen.

Das änderte sich erst mit der Einführung der neuen Oberliga 1947. Das vermuten wir zumindest – denn als sich der FC St. Pauli zu dieser Zeit endlich ein »eigenes« Wappen gab, hielt er es nicht für nötig, in seiner Vereinszeitung oder in den Medien darüber zu informieren.

Das neue Abzeichen trug alle Merkmale des heutigen Vereinsemblems: Das Wappen der Stadt Hamburg prangte nach wie vor in der Mitte, der Schriftzug »FC St. Pauli« wan-

Der Wappenstammbaum des FC St. Pauli

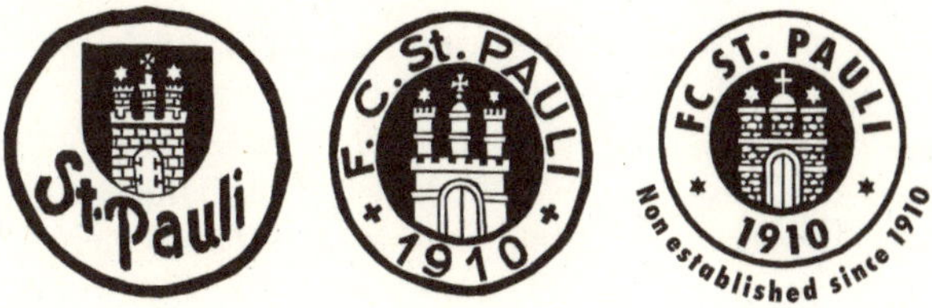

1910 1947 2010

derte allerdings über das Stadtwappen, der Schriftzug »1910« darunter.

Das Emblem veränderte sich in den folgenden Jahren des Öfteren im Detail. Erst Anfang des neuen Jahrtausends legte der FC St. Pauli das Aussehen seines Vereinswappens endgültig und verbindlich in seiner Vereinssatzung fest. Bis 2012 ergänzte er es in der Außenkommunikation durch den Schriftzug »non established since 1910«. Richtiger wäre vielleicht »non established since 1985« *(siehe 065)* gewesen; Image und öffentliche Wahrnehmung des FC St. Pauli traf das Motto dennoch.

1948

Hier spielt die Bumsmusik! 020

014 — 031
007 — 021

Die Spielzeit 1947/48 wurde begleitet von einer Diskussion, die bis heute nichts von ihrer Aktualität eingebüßt hat. »Ist es denn immer notwendig, vor und nach dem Spiel und während der Pause Bumsmusik auf die Zuschauer loszulassen?«, beschwerte sich ein Mitglied in der Vereinszeitung vom Januar 1948: »Gibt es nicht zur Überbrückung der Pausen Besseres als Zirkusmusik?« Ein Stoßseufzer, der auch dem St. Pauli-Fan heutiger Tage bei manchem musikalisch fragwürdigen Auswärtsspiel auf den Lippen liegt.

021 Berlin blockiert, St. Pauli enthemmt

011 – 029
017 – 032
020 – 022

»Kommt der FC St. Pauli, kommt er nicht?«, rätselten die Berliner Zeitungen im Juli 1948. Eigentlich sollten die Braun-Weißen im Viertelfinale der Deutschen Meisterschaft gegen den Berliner Meister Union Oberschöneweide antreten. Doch wenige Wochen zuvor hatten die alliierten Westmächte in ihren Besatzungszonen die D-Mark eingeführt. Die Sowjets reagierten postwendend mit der Blockade Berlins, die fast ein Jahr andauern sollte.

Erst in letzter Minute erteilte die sowjetische Militärbehörde den St. Paulianern die ersehnte Einreiseerlaubnis. Es sollte die wohl denkwürdigste Auswärtsfahrt in der Geschichte des FC St. Pauli werden.

Spieltermin war Sonntag, der 18. Juli 1948. Per Omnibus fuhren die Hamburger zunächst bis an die Zonengrenze. An einem Schlagbaum schossen sie noch Erinnerungsfotos mit einem russischen Grenzsoldaten, ehe sie ihr Gepäck auf Bollerwagen wuchteten und diese eigenhändig durch das »Niemandsland« zwischen britischer und sowjetischer Zone zogen und schoben. Dann ging es mit einem zweiten Bus – und russischer Eskorte – weiter ins blockierte Berlin.

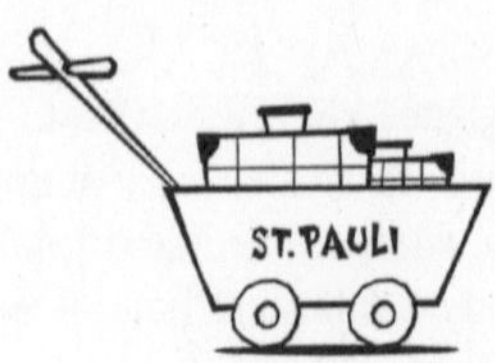

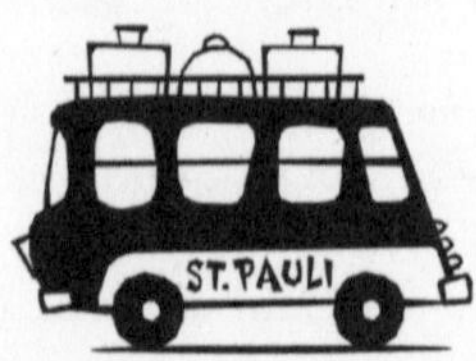

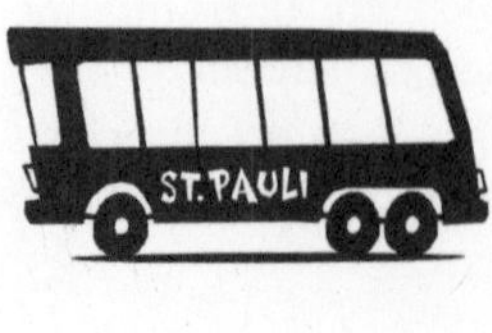

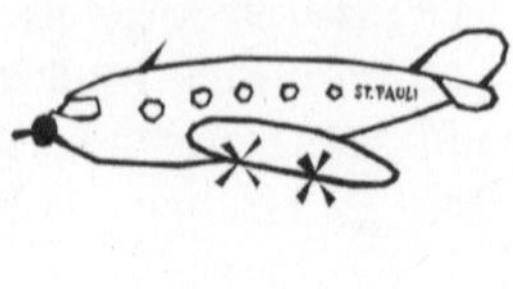

Die Nachricht von der Ankunft der Hamburger verbreitete sich wie ein Lauffeuer. 160000 Karten hätten verkauft werden können, doch das im Krieg beschädigte Olympiastadion fasste nur 80000 Zuschauer – bis heute die größte Pflichtspielkulisse der Braun-Weißen. Bereits nach drei Minuten köpfte Hermann Michael die erste Ecke der St. Paulianer zum 1:0 ins Berliner Tor. Machate erzielte in der achten Minute das 2:0, und noch vor der Pause fielen zwei weitere Treffer. Am Ende stand es 7:0 für den FC St. Pauli.

Die Presse überschlug sich vor Begeisterung: »St. Pauli kreiselte à la Schalke«, jubelte eine Zeitung, eine andere lobte die »Meisterspieler aus Hamburg«. Es habe sich – man höre und staune – »wieder einmal das Wort bewahrheitet, dass St. Pauli die besten Spiele außerhalb Hamburgs liefert«.

Somit stand der FC St. Pauli im Halbfinale um die Deutsche Meisterschaft. Was den Rückweg angeht, so waren die St. Paulianer dankbar für das Angebot der britischen Behörden, sie mit einer Militärmaschine nach Hause zu fliegen.

1948

Der Platz war schuld! 022

027 021 031

Im Halbfinale um die Deutsche Meisterschaft 1948 traf der FC St. Pauli auf den 1. FC Nürnberg. Für das Spiel am 25. Juli 1948 in Mannheim hatten 91000 Fußballfans Karten angefordert. Nur 37000 fanden im Stadion Platz. Berittene Polizei versuchte, die begeisterten Massen zu bändigen, während die Berufsfeuerwehr mit dicken Wasserschläuchen bereitstand, um »Querulanten und Fanatiker evtl. zur Räson bringen zu können«, wie die »Sportwelt« berichtete.

Das Spielfeld war in keinem meisterlichen Zustand. Die St. Paulianer staunten nicht schlecht über die Sandfläche in einem der beiden Strafräume – die Amerikaner hatten das Stadion zum Baseballspielen benutzt und kurzerhand ein

007 größeres Stück des Platzes rasenfrei gemacht. Auf dieser Seite des Feldes sollte dann auch kein Tor fallen.

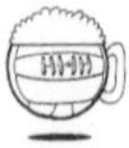

Die Nürnberger starteten furios und gingen noch vor 025 der Halbzeit mit 2:0 in Führung. Doch in der 56. Minute erzielte »Tute« Lehmann den Anschlusstreffer, ehe Fritz Machate in der 82. Minute ausglich. Jubelstürme im Mannheimer Publikum, Verlängerung.

Direkt nach dem Wiederanpfiff hatte St. Pauli eine weitere Großchance, und der Ausgang des Spiels schien besiegelt. Doch dann der Schock: Eine halbhohe Flanke segelt vor St. Paulis Tor, der Nürnberger Pöschl erkennt blitzschnell das Loch in der braun-weißen Abwehr und knallt den Ball aus 20 Metern direkt in die linke untere Ecke.

Durch Pöschls Volleybombe in der 94. Minute war das Spiel sofort beendet. Sein »Golden Goal«, das damals noch nicht so hieß, »zerschmetterte St. Paulis stillen Endspieltraum« (»Sportwelt«) mit einem Schlag. Ironie der Geschichte: Nur drei Wochen später überfuhren die Braun-Weißen den 1. FC Nürnberg, mittlerweile Deutscher Meister, bei einem Freundschaftsspiel im Hamburger Volkspark mit 5:0.

1950

023 Kautschukmenschen auf Trümmer-Sightseeing

018 1950 feierte der FC St. Pauli seinen 40. Geburtstag mit hochkarätigen Gästen. Gleich drei ausländische Spitzenteams gastierten am Millerntor: die »Newell's Old Boys« aus Argentinien, Rapid Wien und der 1. FC Saarbrücken. Ausländisch? Tatsächlich, das Saarland stand zu jener Zeit noch unter französischer Verwaltung. Die Saarbrücker zeigten sich St. Paulis »Wunderelf« deutlich unterlegen und wurden mit 1:5 nach Hause geschickt. Rapid Wien machte es besser und gewann 3:0. Die Wiener Verteidiger Max Merkel und Ernst Happel hielten ihren Laden dicht.

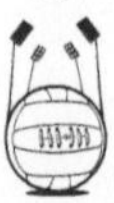

026

Dann aber kam der Clou: Südamerikanische Vollprofis am Millerntor – so etwas hatte Hamburg noch nicht gesehen. 30 000 Schaulustige ließen das Stadion aus allen Nähten platzen. Die Ballzauberer des argentinischen Pokalsiegers »Newell's Old Boys« versetzten Presse und Publikum in Verzückung: »Wie Kautschukmenschen, deren Gelenkigkeit durch keine Knochenscharniere behindert wird, wirbelten die Ball-Artisten aus Südamerika auf dem Spielfeld umher«, schwärmte eine Zeitung. Und ein Augenzeuge bedauerte, »dass unser Platz nicht größer war, um noch mehr Hamburgern Gelegenheit zu geben, diese Fußballkünstler zu bewundern«. Die Gäste zeigten sich ihrerseits interessiert an den Hamburger Sehenswürdigkeiten: Die St. Paulianer fuhren die staunenden Argentinier auf deren Wunsch sogar durch die Trümmerviertel im Osten der Stadt.

1951

Krawall und Remmidemmi 024

In der Saison 1950/51 gelang es dem FC St. Pauli erstmals, den HSV wirklich überzeugend zu schlagen – und das gleich zweimal. Am heimischen Rothenbaum wurden die »Rothosen« von den Braun-Weißen mit 3:0 abgefertigt. Das Rückspiel am Millerntor endete gar 5:0 für die St. Paulianer.

Bei dieser Partie kam es zu Krawallen. Allerdings nicht wegen des Endstands, sondern weil das Stadion hoffnungslos überfüllt war. »Die, die zuletzt kamen, hatten immer die besten Plätze«, schildert Fan Herbert Hentschel die damaligen Verhältnisse am Millerntor. »Die haben sich dann ein bisschen nach vorne fallen lassen, und dann sind die anderen nach vorne gepurzelt. Da war mitunter böse was los.« So auch an diesem Tag. Schon beim Spielstand von 0:0 ereignete sich eine Szene, die zu schweren Tumulten führte: Ein reaktionsschneller Zuschauer passte den Ball aus dem Toraus zurück zu St. Paulis Alfred »Coppi«

Beck. Der nahm das Geschenk dankend an und knallte das Leder in die Maschen. Der Schiedsrichter erkannte zunächst auf Tor und nahm seine Entscheidung erst nach Rücksprache mit dem Linienrichter zurück. Das »Hamburger Abendblatt« sprach von einem »einzigartigen Skandal« und von Zuschauern »ohne Kontrolle und Führung«. Am Ende nutzten die beiden glanzvollen und torreichen Derbysiege den St. Paulianern wenig – in der Abschlusstabelle standen sie wieder einmal hinter dem HSV.

1951

025 Wunder gibt es nimmer wieder

022
029

1951 nahm der FC St. Pauli zum letzten Mal an einer Endrunde um die Deutsche Meisterschaft teil. Diese wurde erstmals im Gruppenmodus mit Hin- und Rückspielen ausgetragen. Der Auftakt geriet zum Paukenschlag: In Gelsenkirchen besiegten die St. Paulianer den damals sechsfachen Deutschen Meister FC Schalke 04 sensationell mit 2:1. Das folgende Heimspiel gegen Kaiserslautern am 13. Mai 1951 war das erste Endrundenspiel um die Deutsche Meisterschaft, das am Millerntor stattfand. Die Premiere ging gründlich in die Hose, und St. Pauli verlor 2:4. Danach wurde es nicht besser: Auch in Fürth (1:4), auf dem Betzenberg (0:2) und zu Hause gegen Schalke 04 (0:1) blieb die »Wunderelf« punktlos. »St. Paulis Sturm dribbelt sich zu Tode«, jammerte der »Kicker« und kritisierte, die braunweiße Mannschaft sei »veraltet und ausgebrannt«.

Den bedeutungslosen 1:0-Heimsieg gegen Fürth wollten nur noch 4000 Zuschauer sehen. Am Ende belegte der FC St. Pauli den letzten Platz seiner Gruppe und schied aus.

St. Paulis »Wunderelf« gehörte in ihrer Glanzzeit zu den besten Mannschaften Deutschlands. Dass sie es trotzdem nie schaffte, Deutscher Meister zu werden – vielleicht ist dies das größte Wunder, das der »Wunderelf« gelang.

1948–51

Der FC St. Pauli in der Endrunde um die Deutsche Meisterschaft

Jahr	Gekommen bis	Gegner	Ergebnis
1948	Halbfinale	1. FC Nürnberg	2:3 n.V.
1949	Viertelfinale	1. FC Kaiserslautern	1:1 n.V., 1:4
1950	Viertelfinale	SpVgg Greuther Fürth	1:2
1951	Gruppenphase Endrunde 4. Platz	Kaiserslautern, Schalke, Fürth	

1952

St. Pauli schreibt Mediengeschichte 026

023
033

Fußballgeschichte schrieb der FC St. Pauli in den 50er Jahren kaum. Immerhin aber Mediengeschichte, denn er bestritt das erste Live-Fußballspiel im regulären Sendebetrieb des deutschen Fernsehens.

Nach längerem Testbetrieb hatte am 25. Dezember 1952 die Ausstrahlung des offiziellen Programms begonnen. Schon einen Tag später flimmerte das erste Live-Fußballspiel über den Schirm: das Wiederholungsspiel im Achtelfinale des DFB-Pokals zwischen Hamborn 07 aus Duisburg und dem FC St. Pauli (das Hinspiel hatte 1:1 geendet). Das Studio des Nordwestdeutschen Rundfunks befand sich zu dieser Zeit im heute noch vorhandenen Nordbunker auf dem Heiligengeistfeld, was den Kiezkickern gewissermaßen einen »Heimvorteil« verschaffte.

»Derartige Übertragungen versprechen die Attraktion des Programms zu werden, denn hier hat das Fernsehen Dokumentarkraft: Es lässt den Zuschauer ein Ereignis miterleben und nicht – wie im Film – nacherleben«, lobte der »Spiegel«. Leider waren die St. Paulianer durch die ungewohnte Medienpräsenz offenbar verunsichert: Das »zweitklassige Hamborn« (»Abendblatt«) schlug die Millerntor-

Elf 4:3. Das Fachblatt »Fernsehen« zog dennoch ein positives Resümee: »Wir können diese Sendung nur als gut gelungen bezeichnen.«

1954

027 Die Tragik kennt St. Pauli

022
031

Nach dem Ende seiner (beinahe) glorreichen »Wunderelf« *(siehe 017)* krebste der FC St. Pauli in den 50er Jahren meist im Mittelfeld der Oberliga Nord herum.

Eine Ausnahme allerdings gab es: 1953/54, in der ersten vollständigen Saison unter dem früheren »Wunderelf«-Verteidiger Heinz Hempel als Trainer, spielten der schneidige Torwart Harry Wunstorf, der laufstarke »Liebling der Hafenarbeiter« Otmar Sommerfeld und ihre Mannschaftskameraden die Saison ihres Lebens: 4:0 gegen Werder Bremen. 6:0 gegen Bremerhaven 93. 7:0 gegen Göttingen 05. Und, nach vier verlorenen Pflichtspiel-Derbys in Folge, ein 3:0 und ein 2:0 gegen den HSV.

Nur eine Mannschaft war in dieser Spielzeit noch besser, und das war Hannover 96. Verdient sicherten sich die Hannoveraner den ersten Platz der Oberliga Nord – eine Position, die ansonsten der Hamburger SV abonniert zu haben schien.

Schade, aber kein wirkliches Problem für den FC St. Pauli, sollte man meinen: Schließlich waren seinerzeit nicht nur die Meister, sondern auch die Zweitplatzierten zur Teilnahme an der Meisterschafts-Endrunde berechtigt, in der zur damaligen Zeit der Deutsche Fußballmeister ermittelt wurde. So war das in jeder Saison. Immer.

In einer einzigen Spielzeit aber wurde eine Ausnahme gemacht – und das war ausgerechnet das »Jahr des braunweißen Höhenflugs«. Wer würde da nicht an Thees Uhlmanns großartigen Song »Das hier ist Fußball« denken: »Eines ist wirklich sicher: dass die Tragik St. Pauli kennt …«

Der Hintergrund: Um Sepp Herbergers Nationalmannschaft mehr Vorbereitungszeit für das spätere »Wunder von Bern« zu geben, hatte der DFB die Meisterschafts-Endrunde kurzerhand verkürzt und nur die Erstplatzierten zugelassen.

Einzige Ausnahme: die Nummer zwei der Oberliga Süd, die Eintracht aus Frankfurt, dem Sitz des Deutschen Fußballbundes – bestimmt nur rein zufällig ...

Das hier ist Fußball 028

Text und Musik: Thees Uhlmann. Die hier abgedruckte Fassung erinnert vor dem letzten Refrain an die in Fankreisen legendär gewordene »Landnahme« Deniz Nakis im Stadion des Nordrivalen FC Hansa Rostock – vorgenommen mit einer braun-weiß-roten Fahne nach einem 2:0-Auswärtssieg im November 2009, zu dem Naki das zweite Tor beigesteuert hatte.

012
054

Tragik ist wie Liebe ohne Happy End,
und eines ist wirklich sicher: dass die Tragik St. Pauli kennt.
Es ist, als ob es Bier nicht in jedem Supermarkt gibt.
So groß ist man wirklich, aber so ist die Realität.

Und hooray, hooray, hooray, FC St. Pauli!
Würde es gehn, würde ich dich umarmen.
Das hier ist Fußball, das hier sind Dramen.

Manche hängen ihre Fahnen nach dem erstbesten Wind,
doch die Liebe beweist sich erst, wenn der Wind zunimmt.
Und Liebe ohne Leiden hat noch niemand gesehn.
Man kann ein Lied davon singen, man kann sich selbst nicht verstehn.

Und hooray, hooray, hooray, FC St. Pauli!
Würde es gehn, würde ich dich umarmen.
Das hier ist Fußball, das hier sind Dramen.

Und Bayern besiegt, in Chemnitz verloren,
man hört noch die Chöre in seinen Ohren.
Meine Schulter ist nass durch des Nebenmanns Tränen;
kann es etwas Schöneres geben?

Als Naki die Fahne in den Boden rammte
und keiner von uns seinen Namen noch kannte,
ein ganzes Viertel in Gänsehaut –
FC St. Pauli. Wir lieben es laut!

Und hooray, hooray, hooray, FC St. Pauli!
Würde es gehn, würde ich dich umarmen.
Das hier ist Fußball, das hier sind Dramen.

1957

029 Die schlimmste aller Niederlagen

014 — 034

021 — 032

Ein steter Quell der Melancholie in der Fanseele des St. Paulianers ist die an Demütigungen reiche Bilanz gegen den großen Stadtrivalen HSV. Keine Spielzeit jedoch reicht an das Grauen von 1956/57 heran: 1:6 am Millerntor. 0:9 am Rothenbaum. Während der HSV bei Letzterem »wie ein Tornado« gewirkt habe, so »Abendblatt«-Reporter Jupp Wolff, hätten den FC St. Pauli vor allem »bleierne Glieder« und »keine Einstellung zum Gegner« charakterisiert. Das klingt glaubwürdig, folgt man Wolffs Darstellung der Schlussminute: Der HSVer Klaus Stürmer »spaziert, den Ball auf dem Scheitel mitnehmend, dreimal lustig köpfend durch den Strafraum, wird nicht angegriffen, lässt den Ball auf den Fuß abrollen, sucht sich die Ecke aus, 9:0«. Der damalige Keeper Harry Wunstorf wird diesen 23. Februar

1957 sein Lebtag nicht vergessen. »Wir hätten auch einfach unsere Hemden aufhängen können«, gab er später zu Protokoll: »Die hätten besser gespielt.«

Das große Duell: die Oberliga-Bilanz gegen den HSV

Völlig vernichtend fällt die Bilanz im »großen Duell« für die Zeit der Oberliga Nord nicht aus. In 16 gemeinsamen Erstligajahren erspielte der FC St. Pauli gegen den Hamburger SV 11 Siege und 2 Unentschieden – gegenüber 19 Niederlagen.

In der folgenden Übersicht sind alle Spielergebnisse aus Sicht des FC St. Pauli dargestellt. Siege sind **fett** markiert.

Saison	Ergebnis Heimspiel	Ergebnis Auswärtsspiel
1947/48	0:2	**1:0**
1948/49	**2:1**	0:2
1949/50	**2:0**	0:6
1950/51	**5:0**	**3:0**
1951/52	0:2	1:4
1952/53	0:5	1:1
1953/54	**3:0**	**2:0**
1954/55	0:2	**5:0**
1955/56	**1:0**	0:6
1956/57	1:6	0:9
1957/58	**1:0**	0:5
1958/59	0:8	0:2
1959/60	**4:1**	1:2
1960/61	1:6	2:2
1961/62	1:2	1:3
1962/63	1:3	2:3

017 *»Vor dem Spiel haben wir jedes Mal gesagt: Diesmal lassen wir uns nicht abledern. Wir müssen bloß eben keinen Ball verloren geben. Aber das war eine solch eingespielte Truppe – wenn die auf dem Platz waren,*

040 *hast du immer gedacht, du bist zwei Klassen schlechter.«*

St. Paulis Otmar Sommerfeld über die Derbys in den 50er Jahren

1958

030 Der schönste Nebenberuf der Welt

018 Als Teilzeitpolizist war Fabian Boll, Oberkommissar, Mittelfeldspieler beim FC St. Pauli und Aufsteiger 2007 und 2010, heute ein oft bestauntes Unikum im deutschen Profi-

046 fußball. Doch bis weit in die 70er Jahre hinein war es gang und gäbe, dass die Spieler neben dem Fußball auch einen »ordentlichen« Beruf ausübten – in Vollzeit, versteht sich. Trainiert wurde drei- bis viermal die Woche nach Feierabend.

Wer wollte, konnte st. paulianisch shoppen: Kohle und Heizöl beim Brennstoffhändler und Mittelfeldmann Ingo Porges, Schreibwaren und Tabak bei Torwart Harry Wunstorf – vielleicht auch eine Zeitung, die Horst Haecks, Stürmerstar und Fahrer beim Springer-Verlag, ausgeliefert hatte. Das Benzin für die Fahrt lieferten die Tankwarte und defensiven Mittelfeldleute Otmar Sommerfeld und Harald Stender. Letzterer besorgte als gelernter Maschinenschlosser gern auch die Reparatur.

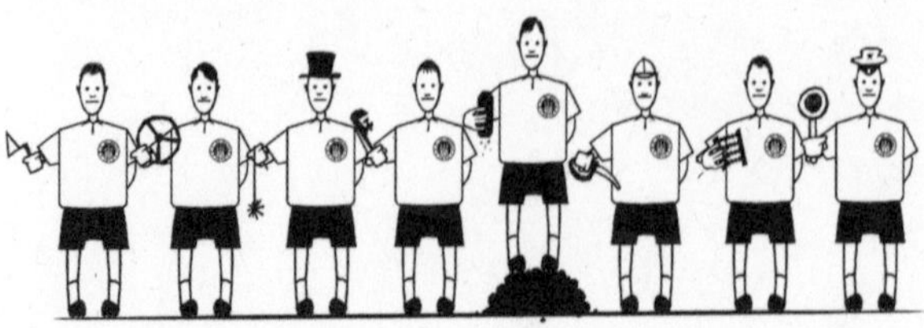

Ab und zu konnte das »Doppelleben« zwischen Fußball und Beruf allerdings zu Spannungen führen – nicht nur, weil es körperlich anstrengend war, erzählt Offensivspieler und Heizungsmonteur Uwe Stothfang: »Mein Boss war HSVer, und ich spielte ja nun beim FC St. Pauli. Hab ich natürlich nicht an die große Glocke gehängt. Aber eines Tages war ein Foto von mir in der Zeitung. Damit kommt mein Boss an und fragt: ›Bist du dat?‹ – ›Jo‹, sag ich. – ›So was will ich nie wieder sehen. Entweder beim HSV oder gar nicht.‹« Stothfang fackelte nicht lange: »Als er weg war, hab ich sofort alles zusammengepackt und gesagt: ›Für mich ist Feierabend. Bei so 'nem Verein arbeite ich nicht.‹ Dann bin ich abgezogen.«

1959

Der schwarze Mann von Zollinland 031

Der 6. Dezember 1959 bescherte dem FC St. Pauli eines der kuriosesten Tore der deutschen Fußballgeschichte. Leider war es ein Gegentor.

027 035 020 036 022 041

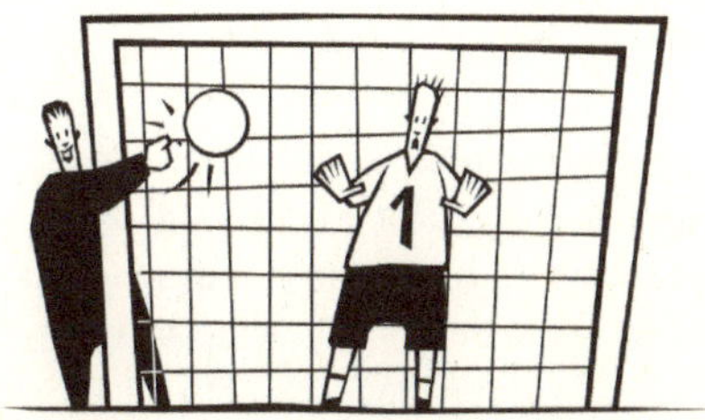

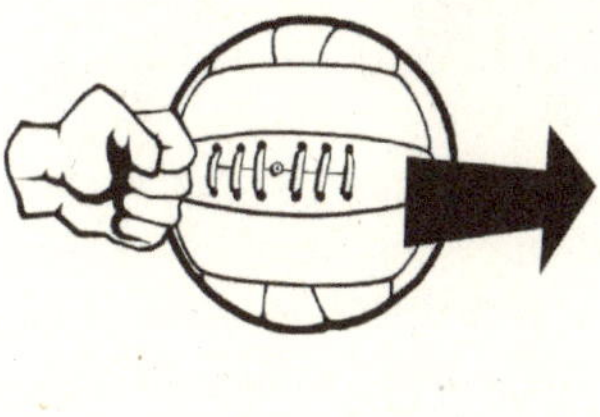

Im Stadion »Zollinland« des Oberliga-Konkurrenten Bremerhaven 93 hatte St. Pauli zur Halbzeitpause schon 2:0 geführt, als es doch noch einmal knapp wurde: 2:1 in der 71. Minute. Wenig später: ein Eckball für den Gegner. Der Bremerhavener Niemeth köpft den Ball in Richtung Torpfosten. Was dann geschah, kann Torwart Harry Wunstorf bis heute wie einen Film vor seinen geschlossenen Augen ablaufen lassen: »Die Kirsche kam von halblinks, schön halbhoch. Ich springe – und neben dem Pfosten steht ein Zuschauer, kloppt den Ball mit der Faust ins Tor und haut ab.« Zum Entsetzen der St. Paulianer erkannte der Schiedsrichter den Treffer an – 2:2. Dabei blieb es. Der mysteriöse »Torschütze« konnte nie ermittelt werden. Zu schnell war der dunkel gekleidete Missetäter verschwunden unter den 10000 Zuschauern in Bremerhaven, die bis dicht an den Spielfeldrand saßen. In die Vereinsannalen ist er dennoch eingegangen – als »schwarzer Mann vom Zollinland«.

1960

032 Zwei Uwes im Schnee

029
049
021
037

Eine siegreiche Schlacht im Schnee, ein als überlegen geltender Gegner, der über die Platzverhältnisse flucht, und St. Paulianer im Freudentaumel: All das gab es nicht erst bei der sagenhaften »Bokal«-Schlacht gegen Werder Bremen im Januar 2006 (*siehe 116*). Kein sportliches Ereignis hätte das 50. Jubiläumsjahr des FC St. Pauli passender einläuten können als das winterliche Derby gegen den HSV am 14. Februar 1960. Vor 25000 Zuschauern am Millerntor gelang den Braun-Weißen, woran sie unzählige Male zuvor gescheitert waren: Sie fegten die »Rothosen« mit 4:1 vom verschneiten Platz.

Die Schlagzeilen des nächsten Tages waren Balsam für wunde St. Paulianer-Seelen: »Völlig entnervter HSV ging am Millerntor unter«, schrieb das »Abendblatt« über

»St. Paulis große Stunde«. Während die ungläubige Nordkonkurrenz von Werder Bremen einen geschenkten Sieg per »Hamburger Gefälligkeit« vermutete, wies die »Bild«-Zeitung solche Vorwürfe zurück: »Der HSV spielte fast genau wie in manch anderem Spiel, das er gewonnen hat, schön eng und präzise.«

Gerade das war der Fehler, meint Uwe Stothfang, der an diesem Tag als »Halblinker« »nur hinter Uwe Seeler herlaufen« musste (»Aber hat sich ja gelohnt, ne?«). »Die wollten uns mit Kurzpassspiel besiegen«, sagt Stothfang. »Bei dem Schnee? Das war die falsche Taktik.« St. Pauli-Trainer Hempel dagegen setzte auf einen massiven »Sperrriegel« vor dem Strafraum, hohe Bälle und Konter.

Der Plan ging auf. Der HSV schoss die Ecken (17:2), St. Pauli die Tore, durch Schildt, Osterhoff, Bergeest und (per Elfmeter) Haecks. »Wenn ich einen Gegner ausspielte«, stöhnte Uwe Seeler nach der Partie, »stand sofort der nächste vor mir.« »Der HSV«, so die Schlagzeile der »Hamburger Morgenpost«, »hat wieder einen Rivalen.«

Niemand konnte damals ahnen, dass jener denkwürdige 14. Februar der letzte Pflichtspielsieg gegen den HSV für über 17 Jahre bleiben sollte.

1960

»Kultkabinen« statt »Seuchenkeller« 033

026

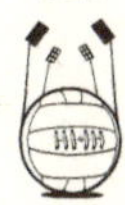

034

Bis die neue Südtribüne ab 2008 die Infrastruktur am Millerntor revolutionierte, galten die Kabinen im Keller des alten Clubheims vor der Ecke Gegengerade/Südkurve als das kultigste Umkleideerlebnis im deutschen Fußball.

Dabei waren sie bei ihrer Einweihung im April 1960 »eine Riesensache«, erinnert sich der damalige Mannschaftskapitän Herbert Kühl: frisch gestrichene Holzbänke, eine Sauna, ein Entmüdungsbecken und eine Therapiewanne mit Unterwassermassage – damals der neueste

Stand der Technik. Die Begeisterung wird noch nachvollziehbarer, wenn man weiß, dass die vorherigen Kabinen an der Budapester Straße als »Seuchenkeller« bekannt waren. Das notdürftig renovierte Kabuff verfügte über Holzpritschen und drei Duschen, die per Kohlenofen aufgeheizt wurden und mangels Trennwänden für Feuchtigkeit im ganzen Raum sorgten. Stürmer Peter Osterhoff erinnert sich lebhaft an »Mäuse in der Badewanne« und den Fußboden, den er als gelernter Fliesenleger besonders kritisch beurteilt: »Ohne Latschen mochtest du da gar nicht drauf rumlaufen. Die waren ja ewig feucht, diese Holzbohlen. Entsprechend roch das auch.« Für den Mittelfeldstrategen Ingo Porges noch nicht das Schlimmste: »Wir hatten vor allem nur ein Klo. Das war direkt am Ausgang. In jeder Beziehung stank das zum Himmel, und alle mussten da vorbei.«

Schwacher Trost: Wenn es wieder hinauf ins Freie ging, wirkte die Luft vor dem Stadion umso frischer. Und ohne die extrem schlichten Verhältnisse vor 1960 wäre die Freude bei der Einweihung der neuen Räumlichkeiten nicht halb so groß gewesen.

1961

034 Schlammschlachten im »Schmuckkästchen«

033

056

Im Sommer 1961 nahm der FC St. Pauli Abschied von seinem alten Platz an der Ecke Budapester Straße/Glacischaussee. Die Trauer währte nur kurz: Am 29. Juli 1961 weihte der Verein sein neues Stadion am heutigen Standort ein. Auch wenn der elffache bulgarische Meister CDNA Sofia den FC St. Pauli mit 7:4 »erschoss«, so die »Morgenpost«-Schlagzeile: Das Stadion hinterließ bei der Zeitung einen hervorragenden Eindruck. »Die freitragende, herrliche Tribüne, der prachtvoll federnde Rasen, großzügig und bequem gestaltete Anfahrtswege, das sind Dinge, die zum

029 037 019 037

Besuch des neuen Platzes beim Millerntor geradezu einladen.«

Doch wenige Monate nach der Eröffnung war offensichtlich, dass mit »Hamburgs modernster Sportanlage« (»Bild«) etwas nicht stimmte. Als eine Regenperiode Anfang Januar »die tiefgefrorenen Plätze in Wasserpfützen und Schlammwüsten« verwandelte (»Abendblatt«), zeigte sich, dass »ausgerechnet die bildhübsche neue Anlage des FC St. Pauli in jeder Beziehung anfällig gegen Wasser ist«, so das »Hamburger Echo«. Der Platz war und blieb ein Morast. »Bau-Skandal um St. Pauli-Sportplatz!« titelte »Bild« am 16. Januar: »Eine schlimme Blamage für die Baubehörde! Weil ›vergessen‹ worden ist, in den neuen Sportplatz eine Entwässerungsanlage einzuziehen, ist ein großer Teil der Anlage nichts mehr wert.« Die »Morgenpost« präzisierte, dass es zwar eine Drainage gebe – aber nicht unter dem Rasen. Stattdessen verliefe nur »eine Röhrenleitung rundum«. Die Baubehörde versuchte, den Mangel mit Hilfe von 300 Bohrlöchern zu beheben, die das Wasser sammeln sollten. Anschließend wurden sie mit Sand zugeschüttet.

Als sich Verteidiger Heinz Deininger auf dem holprigen Geläuf den Knöchel brach, war das Maß für den FC St. Pauli voll: »Auf diesem Acker wird nicht mehr gespielt«, beschloss der Vorstand. Im Juni 1962 sah auch die Stadt ein, dass nur ein neuer Rasen samt Drainage den St. Pauli-Sportplatz retten konnte. Die Kiezkicker verließen ihr nagelneues Heim – und zogen für anderthalb Jahre ins Stadion mit der ältesten Sitzplatztribüne Hamburgs, das Hoheluftstadion des SC Victoria. Die zweite Einweihung des Millerntors geriet auch sportlich zum Feiertag: Am 10. November 1963 überrannten die Braun-Weißen den VfL Wolfsburg mit 6:0.

035 »Bundesliga eins – braun-weißes Plätzchen: keins«

029
038
031
040

»Wir sind uns darüber im Klaren, was die Bundesliga fordert, aber wir haben auch bewiesen, dass wir sachliche und gute Rechner sind«, erklärte das Präsidium des FC St. Pauli im Mai 1962 forsch: »St. Pauli wird sich um den Platz in der höchsten Spielklasse bewerben, der dem Verein zusteht.«

Beginnend mit der Saison 1963/64 sollte eine neue 1. Liga die bisherigen fünf Oberligen ersetzen – eine bundesweite »erste Klasse des Fußballs«; Großraumwagen statt Abteile.

Drei der sechzehn Startplätze sollten für den Norden reserviert sein. Zwei waren rasch vergeben an den Hamburger SV und Werder Bremen. Der dritte aber, da war nicht nur die braun-weiße Vereinsführung zuversichtlich, würde doch bestimmt an die »Nummer drei« der »ewigen Oberligatabelle« seit 1947 gehen. Und das war der FC St. Pauli, nicht zuletzt dank der Erfolge der legendären »Wunderelf« *(siehe 017)*.

Doch stattdessen ging der begehrte Platz an Eintracht Braunschweig – einen Verein, der ein Jahr Oberliga-Zugehörigkeit und achtzig gesammelte Punkte weniger vorzuweisen hatte. Die Empörung im »Camp Braun-Weiß« war groß, zusätzlich angestachelt durch die nicht eben stringent gehandhabten Vergabekriterien des DFB: Mal gaben angeblich infrastrukturelle Gründe den Ausschlag (wie beim 1. FC Saarbrücken, zufälligerweise der Lieblingsclub des damaligen DFB-Präsidiumsmitglieds Hermann Neuberger); mal waren es die sportlichen Erfolge der letzten zwölf Jahre, mal die der letzten fünf.

Im Fall der Braunschweiger konstatierte der DFB, dass die »Löwen« und die St. Paulianer »aufgrund ihrer sportlichen Vergangenheit als gleichwertig anzusehen« seien. Deshalb müsse dann doch »der diesjährige Tabellenplatz den Ausschlag geben«. Eintracht Braunschweig war Dritter, der FC St. Pauli nur Sechster. Möglicherweise auch deshalb, weil er gerade in dieser entscheidenden Saison nicht am Millerntor antrat, sondern im Hoheluftstadion des SC Victoria: Der eigene Platz bekam einen neuen Rasen und eine Drainage *(siehe 034)*.

Vielleicht aber wären die Kiezkicker selbst als Meister nicht weitergekommen. Denn letzten Endes, so wird immer wieder vermutet, wollte der DFB einfach keine zwei Clubs aus derselben Stadt zulassen. Eine solche Regel hatte er jedoch nie offen ausgesprochen. So bleibt der Wirrwarr vor der Gründung der Bundesliga ein Fest für Verschwörungstheoretiker.

1963

Acolatse now! 036

031
039

Drei Jahre nach seinem 50-jährigen Jubiläum gelang dem FC St. Pauli ein »Publicity-Coup, der selbst die arrivierten Sportkameraden der Bundesligavereine vor Neid erblassen lassen konnte«, so die »Zeit«: Sein neuer Trainer Otto Westphal, vormals Nationaltrainer in Togo, hatte einen der ersten schwarzen Spieler im deutschen Vertragsfußball mitgebracht. Sein Name: Guy Acolatse.

Zeitgenössische Medienberichte sind reich an Rassismen und müssten heute nicht selten mit Triggerwarnungen versehen werden. »Schwarz wie die Nacht, schnell wie eine Antilope und schussstark wie eine Elefantenbüchse«, schrieb »Bild« und staunte über den »Mann von der Farbe herztötenden Mokkas«: »Er kann Schreibmaschine schreiben, er kann Fuflball spielen. ... Wird ihm der Sprung aus dem Land der Palmen ins Land des Volkswagens Glück bringen?«

Trainer Westphal glaubte an Acolatse: »Guy kann ein Großer werden.« Nach Wochen intensiver Berichterstattung gelang »Bild« ein finaler Coup: Nachdem das Blatt wie manch andere Zeitung anfangs wochenlang über einen Spieler namens »Akolapse« geschrieben hatte, enthüllte es nach dessen erstem Tor bei einem Freundschaftsspiel gegen Büdelsdorf: »Apokalypse (sagen die Intellektuellen) oder Eukalyptus (sagen die normalen St. Paulianer). BILD ist in der glücklichen Lage, alle Unklarheiten endgültig beseitigen zu können. Der neue Star des FC St. Pauli heißt Kokou Guy Acolatse.«

Allzu großes Glück war Acolatse beim FC St. Pauli nicht beschieden: 1963/64 bestritt er 24 Spiele, in der folgenden Saison 18. In seinem dritten Jahr beim FC St. Pauli stand er nur noch einmal auf dem Platz. Danach wechselte er zum Lokalrivalen Barmbek-Uhlenhorst und lief später noch einmal für die St. Pauli-Amateure auf. Heute lebt er als Rentner in Saint-Denis bei Paris und trainiert sozial benachteiligte Jugendliche ehrenamtlich im Fußball.

1966

037 Non-established wider Willen

019 St. paulianischer kann man nicht scheitern: Die Zweitliga-
Spielzeit 1965/66 enthielt von »himmelhoch jauchzend«
bis »zu Tode betrübt« fast alles, was dem braun-weißen
Fußball seinen dramatischen Ruf einbrachte. Von Be-
042 ginn an spielte das Team um die »Torfabrik« Horst Haecks
032 und Peter Osterhoff und den Nationalspieler Ingo Por-
ges wie im Rausch. In der Liga begeisterten die St. Pau-
lianer mit Traumergebnissen, etwa einem 9:0 gegen den
VfL Osnabrück; im DFB-Pokal scheiterten sie erst im Vier-
049 telfinale am mehrfachen Deutschen Meister 1. FC Nürn-
berg. Wenige Wochen vor Saisonende war nicht mehr
der Gewinn der Meisterschaft die Frage, sondern allenfalls

der Abstand zur Konkurrenz. »Jetzt reizt meine Burschen die 100-Tore-Grenze«, erklärte Trainer Kurt Krause am 18. März 1966.

034
040
034
055

Aber dann fand sich doch noch eine Mannschaft, die den FC St. Pauli aufhalten konnte: Der FC St. Pauli selbst. Trainer Krause stöhnte im April: »Die Männer haben die Nerven verloren. Anders ist es nicht zu erklären, dass das so lange brillant vorgeführte Direktspiel vergessen ist.«

Vor dem letzten Saisonspiel kassierten die Kiezkicker vier Niederlagen in Folge. Erst auf den allerletzten Drücker erzitterten sie doch noch den fehlenden Punkt zur Meisterschaft – durch ein 1:1 bei Arminia Hannover. In der Aufstiegsrunde zur Bundesliga präsentierte Braun-Weiß sich fast wieder so souverän wie zu Saisonbeginn, besiegte den größten Konkurrenten Rot-Weiß Essen am Millerntor und lieferte sich mit ihm anschließend ein Kopf-an-Kopf-Rennen. Beim letzten Spiel in Essen brauchten die St. Paulianer unbedingt einen Sieg. Sie gewannen. Und doch stand am Ende der Katzenjammer: Das 1:0 genügte nicht. Essen hatte mehr Tore geschossen.

Zwei Treffer fehlten zum Einzug in die Bundesliga. Stürmer Peter Osterhoff ist sich sicher, dass die damalige Mannschaft erstligareif war: »Mit dem Sturm und mit der Hintermannschaft, die wir hatten – ich glaube nicht, dass wir da gleich wieder abgestiegen wären.« Fragt sich nur, was geschehen wäre, wenn der FC St. Pauli sich schon in den 60er Jahren in der 1. Liga etabliert hätte. Vielleicht wären jene Freiräume nie entstanden, die eine neue Fanszene in den 80ern für sich nutzte, um den FC St. Pauli zu dem zu machen, was er heute ist *(siehe 066)*. Vielleicht wäre er zu einem Allerweltsclub geworden – »established since 1966«.

038 Zu nah am Kiez

011 — 050
035 — 044

Die erste vorzeitige Trainerentlassung der Vereinsgeschichte des FC St. Pauli ereilte Kurt Krause in der Saison 1967/68. »Ihm fehlten der Schwung, die Begeisterung, der letzte Einsatz«, klagte Präsident Koch über den Mann, der ein Jahr zuvor nur knapp am Einzug in die Bundesliga gescheitert war *(siehe 037)*. Die Spieler wiederum gaben »dem Trainer keine Schuld an den Misserfolgen der letzten Wochen«, erklärte Mannschaftskapitän Porges in der »Bild«.

Wie mehrere damals Aktive bestätigen, gab es neben dem offiziellen jedoch einen weiteren Grund für die Trennung: Die Vereinsführung warf Krause zu große Nähe zum Kiez vor – unter anderem wegen seiner engen Freundschaft mit Kurt Roy, seinerzeit Inhaber des Nachtclubs »Tabu« in der Großen Freiheit. »Krause wurde öfter auf dem Kiez gesehen«, berichtet ein ehemaliger Offizieller – und das auch noch allein, oft auf dem Weg zu einem Umtrunk mit Roy und gemeinsamen Bekannten. »Es wurde geredet«, so ein Spieler, auch über Kartenspielrunden mit angeblichen »Zuhältern« im Clubheim. Ein Affront für den FC St. Pauli, dessen Präsident sich stets vom Kiez distanzierte und ausdrücklich betonte, wie »bürgerlich« Mitglieder und Umfeld seien. Fünfzig Jahre später hat der Spitzname »Kiezkicker« längst Einzug in die offizielle Vereinskommunikation gehalten, und der FC St. Pauli nennt seine Logen »Séparées«.

Stangentanz in der Loge lehnt die aktive Fanszene allerdings nachdrücklich ab.

»Stürmer gesucht«: Scouting per Personalanzeige 039

036
043

Mit 182 Pflichtspieltoren ist Peter »Oschi« Osterhoff bis heute der erfolgreichste Stürmer der Vereinsgeschichte. Ein wahrhaft besonderer Mann also. Vielleicht beschritt der FC St. Pauli deshalb auch ganz besondere Wege, um einen Nachfolger für ihn zu finden: Er schaltete eine Stellenanzeige im Fachblatt »Kicker«.

»Wenn Sie ein überdurchschnittlich begabter Fußballspieler sind, STÜRMER mit Regionalligaformat«, lockte der Anzeigentext, »würde es Sie nicht reizen, bei einem traditionsreichen Regionalliga-Spitzenverein in der Weltstadt Hamburg Fußball zu spielen?« Der damalige Trainer Erwin »Ata« Türk erinnert sich gern an die Aktion: »In der Presse ist das damals eingeschlagen wie 'ne Bombe. Weil das ja von keinem anderen Verein vorher gemacht worden ist. Und der Gedanke dahinter war doch nicht schlecht: Schließlich sind der Geschäftsführer und ich damals wahnsinnig viel durch die Gegend gefahren. Darum kam ich auf die Idee: ›Mensch, vielleicht machen wir es uns einfacher.‹«

Doch auch weitere (und vielleicht einen Hauch schöngefärbte) Vorzüge der »sportlich sehr reizvollen Aufgabe«, etwa »Regionalliga-Spitzenvergütung«, »Höchstprämien« oder »modernste Trainings- und Betreuungsmöglichkeiten« wussten nicht zu überzeugen: Letztlich führte die Anzeige zu keiner Verpflichtung.

040 St. Pauli schlägt St. Pauli

037 042

035 070

»Es ist unfassbar, was sich heute ereignet hat«, schimpfte St. Paulis Cheftrainer Erwin »Ata« Türk am 26. Juli 1969: »Die Amateure haben ihrem Brötchengeber praktisch die Gurgel durchgeschnitten.« Was war geschehen?

In unnachahmlicher Manier hatten die St. Paulianer das beliebte DFB-Pokal-Prinzip »David schlägt Goliath« auf die Spitze getrieben. Sie ließen sich nicht von irgendeinem x-beliebigen Landesligisten aus dem Wettbewerb kegeln, sondern scheiterten bereits in der Vorrunde an den eigenen Amateuren. Das »Tor zur Hölle« schoss der just eingewechselte Allrounder Peter Darsow in der 64. Minute. Und beim 1:0 blieb es.

Für den FC St. Pauli eine Katastrophe, denn die Zuschauereinnahmen aus dem DFB-Pokal hätte er dringend gebraucht. In einem verzweifelten Versuch, den Schaden zu begrenzen, war sich der Verein nicht zu schade, die Wertung des Spiels offiziell anzufechten: Drei reamateurisierte Ex-Vertragsspieler, darunter der geniale Stürmer Horst Haecks, seien nicht spielberechtigt gewesen. Doch der Protest blieb erfolglos. Eine Runde später war dann auch für die Amateure Schluss: Sie unterlagen Göttingen 05.

Falls sich die heutige U23 des FC St. Pauli Hoffnungen machen sollte, den Coup ihrer Vorgänger zu wiederholen: Die aktuellen DFB-Statuten lassen Pokalbegegnungen zwischen Amateuren und Profis des gleichen Vereins nicht mehr zu. Die heutige Geschäftsführung wird das mit Beruhigung zur Kenntnis nehmen.

»Aus jahrelanger Erfahrung wissen wir: Ob wir gut, mittelmäßig oder schlecht spielen, ob wir unten, in der Mitte oder oben stehen – es kommen nicht mehr Zuschauer.« 029 048

In der Presse machen die Vereinsverantwortlichen 1972 ihrem Frust Luft und versprechen: »Wir gehen nicht pleite.«

1972/73

Hitze, Durchfall, Schlangenschmuggel 041

031 052

Wenn heute ein Fußballverein eine Asienreise unternimmt, dann heißt er in der Regel Manchester United, Real Madrid oder Bayern München und verfolgt das Ziel, den »asiatischen Markt« zu erschließen. Zur Weihnachtszeit 1972 jedoch machte sich ein deutscher Regionalligist aus dem Herzen Hamburgs auf den Weg in den Fernen Osten ...

FC St. Pauli-Geschäftsführer Walter Windte ließ keinen Zweifel: »Für uns soll der Trip als reine Vergnügungsreise dienen.« Ein reines Vergnügen wurde er allerdings nicht, denn auf die tropischen Temperaturen waren die Kiezkicker nicht vorbereitet. 40 Grad im Schatten und fast 100 Prozent Luftfeuchtigkeit forderten bald ihren Tribut. »Wir sind in Jakarta aus dem Flugzeug ausgestiegen und waren gleich klitschenass«, erzählt Stürmer Ulrich Schulz. »Beim ersten Training sind einige umgekippt. Es hat ein paar Tage gedauert, bis wir uns an das Klima gewöhnt hatten.« Prompt ging das erste Spiel in Jakarta am Heiligabend gegen die indonesische Nationalmannschaft vor über 50000 (!) Zuschauern 2:4 verloren. Augenzeugen zufolge hatte die Mannschaft »in dem modernen Stadion der Hauptstadt dennoch guten Fußball gespielt« – passend zur Werbung für das Match, denn die hatte Großes versprochen, meint Mittelfeldmann Alfred Hußner: »Es gab Plakate, auf denen stand: ›Der Deutsche Meister kommt!‹ Die hatten das ›Nord-‹ vor dem ›Deutsche‹ vergessen ...«

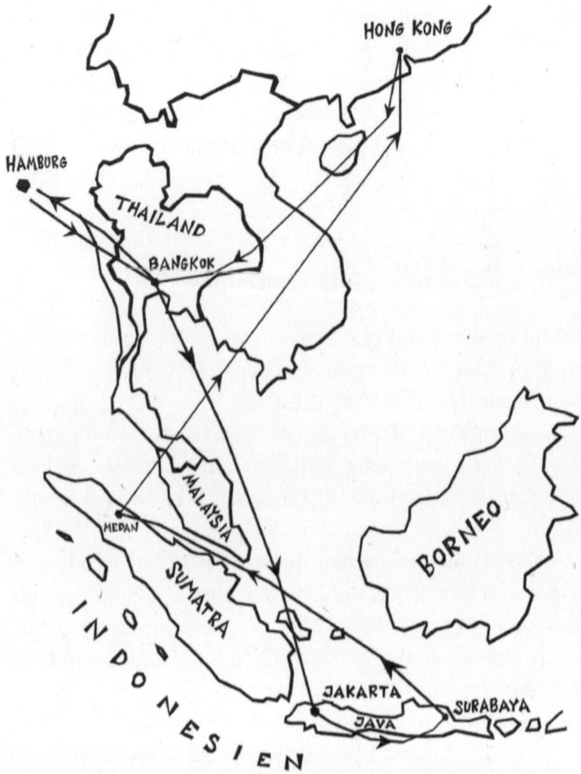

Nach weiteren Spielen in Medan, Hongkong und Bangkok sorgte Stürmer »Schlangen-Franz« Gerber noch für ein ganz besonderes Highlight: Der Reptilien-Fan ließ es sich nicht nehmen, unter Anleitung eines Einheimischen in Thailand persönlich zum Schlangenfang auszurücken. »Das ist nicht so schwer«, meint Gerber heute mit einem unverkennbaren Anflug von Stolz: »Wenn man weiß, wie das geht, ist das nicht so wild. Diese Tiere sind ja nicht so selten da. Ich bin halt losgezogen und hab mich von einem Führer ein bissel rausbringen lassen.« Als Mitspieler Horst

Neumann auf dem Rückflug in Richtung Toilette unterwegs war und von Gerber ermahnt wurde, doch bitte nicht auf seine Tasche zu treten, traute er seinen Ohren kaum, als er den Grund erfuhr: Gerber habe mitnichten Porzellan dabei, sondern Giftschlangen – »eine Grüne Baumviper und eine Kobra«, so Neumann. »Den Rest der Reise saß ich nur noch im Schneidersitz, ist ja klar.« Tatsächlich gelang es Gerber, die Schlangen nach Deutschland zu schmuggeln – mit ungeahnten Folgen … *(siehe 044)*

1974

Das Ende der Aufstiegsrunden 042

040 044 037 055

Als 1974 die 2. Bundesliga gegründet wurde, hatte ein jahrelanges Elend sein Ende: Kein Verein scheiterte häufiger an der Aufstiegsrunde zur Bundesliga als der FC St. Pauli. Seit 1964 hatten die Besten der Regionalligen (damals die 2. Liga) in diesem »Mini-Turnier« die beiden Aufstiegsplätze ausgespielt. In den insgesamt zehn Aufstiegsrunden war der FC St. Pauli sechsmal dabei – jedes Mal ohne Erfolg. Nur der VfL Osnabrück (fünfmal) schraubte sich in ähnlich tragische Dimensionen. Bayern München dagegen kam glimpflich davon, obwohl der spätere Rekordmeister noch weit von seinem heutigen Nimbus entfernt war: Beim ersten Mal scheiterten die Bayern knapp hinter Borussia Neunkirchen (und gaben dem FC St. Pauli noch rasch eine 6:1-Klatsche mit auf den Weg). Beim zweiten Mal waren sie »drin«. Und blieben auch dort.

043 »Robert« und die Detektive

039
044

Als an Handys und Online-Datenbanken noch nicht zu denken war, ereignete sich beim FC St. Pauli eine Posse, die ein recht beschauliches Licht auf den damaligen Transferbetrieb wirft – wohlgemerkt bei einem renommierten Zweitligisten mit Ambitionen auf den Aufstieg in die Bundesliga.

Im November 1974 wurde ein höflicher junger Mann in der Geschäftsstelle auf dem Heiligengeistfeld vorstellig: »Gestatten, mein Name ist Robert Jung. Ich bin Lizenzspieler des FK Pirmasens, werde zum 15. November als zweiter Geschäftsführer eines großen Kaufhauses nach Hamburg versetzt und möchte gern bei Ihnen spielen.« Der eloquente Fremde wusste überzeugend von seinen Stärken und Erfahrungen zu berichten. Mannschaftsbetreuer Werner Pokropp witterte einen Transfer-Coup.

Beim Probetraining hielt die vermeintliche Abwehrgranate zwar mit. Doch angesichts des reichlich angesparten Hüftgoldes wurde Trainer Kurt Krause skeptisch und investierte in ein Ferngespräch nach Pirmasens. Als er kurz darauf den echten Robert Jung an der Strippe hatte, zeigte der sich irritiert darüber, dass er soeben mehrere 100 Kilometer entfernt ein Probetraining absolviert haben sollte. Krause hatte den Betrüger enttarnt. Der wiederum spekulierte auf 10000 Mark Handgeld und erschien tatsächlich zur »Vertragsunterzeichnung«.

Als er zuvor noch einmal nervös auf dem »Örtchen« verschwand, war die Chance zum Zugriff in flagranti gekommen. Krause hielt die Stellung, Pokropp stürzte mit zwei Groschen in der Hand zum Münzfernsprecher im Kabinengang. Die Polizei, längst vorgewarnt, war in weniger als drei Minuten vor Ort.

Dort nahm sie den Hochstapler hops, der sich als aktenkundiger Betrüger entpuppte und keinen Widerstand leistete. Doch obwohl er versprach, von Fluchtversuchen abzusehen – auf Handschellen wollten die Beamten nicht verzichten: »Als austrainierter Mann sind Sie uns zu schnell.«

1974

Die skurrilste Fußballerverletzung aller Zeiten 044

042 057 043 045 038 048

Wenn es um eine Meisterschaft für die skurrilste Fußballerverletzung ginge – der FC St. Pauli hätte beste Aussichten auf die begehrte Schale. Besonders in der Spezialdisziplin »Begegnungen mit Tieren«.

»Torjäger von der Schlange gebissen«, meldete die »Bild«-Zeitung im April 1974. Reptilienfreak und Stürmerstar »Schlangen-Franz« Gerber hatte beim Füttern seiner giftigen Haustiere nicht aufgepasst. Nur dank eines Eiltransfers ins Hamburger Tropeninstitut kam er mit dem Leben davon. Kein Wunder, dass er in der anschließenden Aufstiegsrunde zur Bundesliga nur ein Schatten seiner selbst war.

Der Clou: Den »Täter«, eine Königskobra, hatte Gerber auf einer Asien-Rundreise des FC St. Pauli im Winter 1972/73 höchstpersönlich gefangen und im Handgepäck nach Hamburg geschmuggelt – zum Entsetzen seiner Mannschaftskameraden *(siehe 041)*.

Expeditionen ins Tierreich:
Die Top 5 der Sportlerverletzungen unter Tiereinwirkung

Spieler	Tier	Verein / Saison	Verletzung
Franz Gerber	Königskobra	FC St. Pauli (1973/74)	Schlangenbiss in den Zeigefinger beim Füttern
Friedel Rausch	Hund	FC Schalke 04 (1969/70)	Hundebiss in den Hintern während des Spiels (nach einem Tor für Schalke waren jubelnde Gästefans auf den Platz gerannt, und die Ordner ließen die Hunde los)
Svein Grøndalen	Elch	FC Nottinghamshire / Norwegische Nationalmannschaft (1970er)	Zusammenstoß während des Joggens
Franz Michelberger	Kamel	FC Bayern (1975/76)	Knieprellung nach Schubser gegen den Mannschaftsbus im Trainingslager in Israel
Darren Barnard	Hund	Barnsley FC (1997/98)	Kreuzbandriss nach Rutschpartie in der eigenen Küche – wegen einer »Pfütze«, die seine Hündin dort hinterlassen hatte

1974

045 Der Platzwart als Sportchef

044
047

Als guter Geist des FC St. Pauli war Jürgen »Mille« Milewski in den 70er Jahren unentbehrlich. Platzwart, Zeugwart, Hausmeister – »Mille« war überall. Einmal verpflichtete er sogar einen Spieler.

Besorgt über den Abgang des Goalgetters Franz Gerber, schrieb »Mille« 1974 auf Vereinspapier an das Management des FC Bayern: »Ich bitte um eine Vereinsnadel und um einen Mittelstürmer.«

Geschäftsführer Joachim Dipner erfuhr von der Aktion zunächst nichts. Entsprechend perplex war er, als eine Woche später das Telefon klingelte:

Sekretärin: »FC Bayern München, Vorzimmer Robert Schwan. Moment bitte, ich verbinde.«

Schwan: »Grüß Gott, Schwan am Apparat. Ich hätte gern den Herrn Milewski gesprochen.«

Dipner: »Äh – das ist unser Hausmeister ... Worum geht's?«

Schwan: »St. Pauli möchte ja einen Spieler von uns. Wir haben da einen: Klaus-Dieter Bone. Jugendnationalspieler. Kann sich gegen Gerd Müller nicht durchsetzen.«

Dipner: »Herr Schwan, ich kann Ihnen gleich sagen, wir haben keine müde Mark!«

Schwan: »Ablöse brauchen S' nicht, den kriegen Sie so.«

Die Verpflichtung kam tatsächlich zustande. St. Pauli hatte einen neuen Stürmer, Bayern einen Spieler weniger auf der Gehaltsliste. Doch auch am Millerntor schaffte Bone nicht den Sprung in die Stammelf. 1974/75 absolvierte er sechs Pflichtspiele. Tore schoss er nicht. Schließlich gab ihn die Vereinsführung an den Zweitligakonkurrenten 1. FC Mülheim-Styrum ab – der kurz darauf Insolvenz anmeldete.

1976

Der erste Trikotsponsor 046

030

047

»Japanisch oder zuckersüß?«, fragte die »Bild«-Zeitung im Mai 1974: »Wie hätten Sie's denn gern beim FC St. Pauli?« Anlass waren Spekulationen über die Einführung eines Trikotsponsors nach dem Vorbild Eintracht Braunschweigs. Der damalige Erstligist hatte 1973 als erster deutscher Verein Werbung auf der Brust getragen (»Jägermeister«).

St. Paulis Vizepräsident Werner Velbinger schwärmte von »fortgeschrittenen Verhandlungen mit drei großen Unternehmen«, etwa dem Autohersteller Nissan oder der

Hamburger Firma Maizena (unter anderem Hersteller von »Dextro Energen«). 100000 bis 150000 Mark im Jahr erhoffte sich der Verein von der Maßnahme.

Die Einführung dauerte dann aber doch etwas länger: Erst im Januar 1976 verlor die bis dahin jungfräuliche Brust des FC St. Pauli ihre Unschuld und wurde beflockt. Ein hübsches Detail für Stadionromantiker: Der spätere Meister aller Klassen in der Disziplin »unverwirklichte Stadionpläne« gewann ausgerechnet den »Lüder Bauring« als Partner.

Trikotsponsoren des FC St. Pauli, 1976–2012

Unternehmen	Branche	Saison
Lüder Bauring	Bau	Rückrunde 1975/76 (ab Januar 1976) und 1976/77
Minolta	Elektronik	1977/78
Lüder Bauring	Bau	1978/79
Kein Sponsor		1979/80 und 1980/81
Block House	Gastronomie	1981 (Endrunde Amateurmeisterschaft)
Kein Sponsor		1981/82 bis 12/1982
Bierbörse Klein-Kleckersdorf	Gastronomie	ab 12/1982 bis Sommer 1983
Bilfinger + Berger	Bau	27.12.82–17.01.83 (Afrikareise)
Deutscher Ring	Versicherungen	1983–1995
Böklunder	Nahrungsmittel	1995–1997
Jack Daniel's	Spirituosen	1997–2000
World of Internet	Webdesign / -entwicklung	2000/01 (bis 27. Spieltag, Insolvenz)
Astra	Spirituosen	2000/01 (ab 28. Spieltag)

Unternehmen	Branche	Saison
Securvita	Krankenversicherung	2001–2003
Mobilcom	Telekommunikation	2003–2006
Congster (Congstar)	Telekommunikation	2006–2009
Viva con Agua	Charity	24.01.2008 (Freundschaftsspiel gegen Wolfsburg)
Republik Fußball	Onlineportal	2009/10 (Saisonvorbereitung)
Dacia	Automobil	2009/10
ARD-Fernsehlotterie	Charity	2010–2012

1976

Netzer wird braun-weiß? 047

045 050 046 055

Ein ehernes Gesetz der Sportpresse: Fußballfrei – »Enten frei!« Bis heute geben Winter- und Sommerpause Anlass für die herrlichsten Personalspekulationen. Etwa im Januar 2003, als bundesweit das Gerücht kursierte, der skandalträchtige englische Ex-Nationalspieler Paul Gascoigne sei beim FC St. Pauli im Gespräch – wohlgemerkt zu dieser Zeit Schlusslicht der 2. Bundesliga. »Es wäre eine Überlegung wert, ihn durch den Trikotverkauf zu finanzieren«, zitierte »Spiegel Online« St. Paulis damaligen Coach Franz Gerber. Überraschenderweise fand der Sensationstransfer ebenso wenig statt wie ein Probetraining.

Dreißig Jahre früher hatten die Verantwortlichen des FC St. Pauli einen noch unglaublicheren Coup im Auge – und zwar mit vollem Ernst: »Für eine Million! St. Pauli will Netzer kaufen«, meldete »Bild« am 3. Januar 1976. Der damalige Geschäftsführer des FC St. Pauli bestätigt die Pläne: »Günter Netzer sollte für die Firma von Vizepräsident Velbinger als PR-Figur fungieren und nebenher bei St. Pauli Fußball spielen«, erklärt Joachim Dipner. Als Zwei-Mann-

Delegation sei er mit Wolfgang John, St. Pauli-Stürmer und Netzer-Bekannter, zum Derby zwischen Real und Atlético Madrid gesandt worden. Zielstellung: Netzer »loseisen«, der damals bei Real spielte. Der aber entschied sich lieber für ein einjähriges Gastspiel bei den Grashoppers Zürich. Dort beendete er seine aktive Karriere – und ging anschließend nicht als Spieler zum FC St. Pauli, sondern als Manager zum HSV.

1977

048 Go for Gelb: Walter Frosch auf Rekordkurs

044
068

Bis heute ist sich die Fachwelt nicht einig, wie viele Gelbe Karten genau Verteidiger Walter Frosch in der Aufstiegssaison 1976/77 beim FC St. Pauli kassierte: Der »Kicker« spricht von 18, das »Hamburger Abendblatt« von 19; auf einigen Internetseiten kursiert sogar die Zahl 27 – vielleicht wegen der Angabe »Walter Frosch (27)«, die immer wieder in zeitgenössischen Presse-Porträts auftaucht. Bezeichnend, dass manch heutiger Leser dabei zuerst an die Zahl der kassierten Verwarnungen denkt und nicht an Froschs damaliges Lebensalter.

Von aktuellen Zweitliga-Kartenkönigen wie dem Regensburger Erik Wekesser (14 Gelbe Karten 2020/21) oder Benjamin Kessel von Union Berlin (13 Gelbe Karten 2015/16) bleibt Froschs Status unangetastet. Wenn er auch ein selbstgestecktes Ziel verfehlte: Nachdem er kurz vor Saisonende wegen einer fulminanten (und vollkommen überflüssigen) Grätsche nahe der Mittellinie gegen den Wattenscheider Carlos Babington Karton Nummer 18 erhalten hatte, versprach Frosch der Presse ein großes Finale: »Gegen Solingen und im letzten Spiel bei Wacker Berlin hole ich mir noch je eine Gelbe, dann bin ich auf 20, und das ist doch eine runde Sache, oder?«

Froschs »Gelbsucht« soll ein wichtiger Anlass für den

DFB gewesen sein, eine Sperre nach vier (später fünf) Gelben Karten einzuführen – weshalb seine Bestmarke wahrscheinlich in alle Ewigkeit unerreicht bleibt. Etwas überraschend wirkt in diesem Zusammenhang die Beteuerung seines Mannschaftskameraden Jürgen Rynio (Torwart): »Walter war schnell und konnte fast körperlos spielen. Den ›Kartenkönig‹ hätte er gar nicht nötig gehabt.« Es ging wohl ums Prinzip: »Froschi« war stets gnadenlos hart, gegen andere und sich selbst. Auch nach durchzechten Nächten war er oft der Mann auf dem Feld, der am meisten lief. »Sein Frühstück: Maggi und 'ne Marlboro«, erzählt Ex-Stürmer Horst Neumann: »Walter war eine Kampfmaschine.«

»Das Wichtigste für mich? Es muss jeden Tag was in der Zeitung stehen. Egal, ob gut oder schlecht.«

Walter Frosch über seine Vorstellung von Öffentlichkeitsarbeit (1977)

040 049

1977

Ladehemmung und Gipfelsturm 049

032 053 037 053

Die Plakate hingen in der ganzen Stadt: »St. Pauli auf dem Weg zur Spitze«. Dass Präsident Ernst Schacht und sein Vize Werner Velbinger mit Millioneninvestitionen den Weg aus der »Pleiteliga« zwei erzwingen wollten, hatte sich herumgesprochen.

Entsprechend groß war die Schadenfreude, als die Millionentruppe nach fünf Spieltagen auf dem 15. Tabellenplatz stand. Doch im Herbst legten Trainer Ferner und seine Mannschaft den Schalter um und blieben vom 23. Oktober bis Saisonende ungeschlagen.

Schon drei Spieltage vor Schluss nutzten sie die Chance, alles klar zu machen. Gegen den SC Herford schoss der dänische Stürmer Niels Tune-Hansen am 7. Mai 1977 das »goldene Tor« in der 30. Minute: 1:0 für St. Pauli. Verfolger Bielefeld verlor am nächsten Tag und war damit abgehängt.

Der erste Aufstieg in die Bundesliga stand fest. Auch HSV-Präsident Krohn gratulierte: »Sportlich finde ich das prima«, sagte er der »Bild«-Zeitung. »Aber wirtschaftlich macht mir das Sorgen.«

Beim folgenden Heimspiel gegen Solingen präsentierten sich die Kiezkicker nach tagelangen Aufstiegsfeiern desolat. Goalgetter Gerber (25 Saison-Treffer) »versiebte die dicksten Chancen« (»Bild«) und jagte sogar einen Elfmeter übers Tor. In dieser Situation zeigte sich, dass das Klima am Millerntor seinerzeit noch ein anderes war: Nur eine Woche nach der Aufstiegssensation reagierten die Fans mit Buhrufen und Pfiffen – heute undenkbar. Trotz freien Eintritts für Frauen und Kinder waren übrigens gerade mal 7000 Zuschauer gekommen.

Nach dem Spiel besänftigte der Verein seine Fans mit einem hochklassigen Showprogramm: »Eine Dixieland-Band und ein Musikzug mit 45 hübschen Mädchen«, schwärmte Vizepräsident Velbinger. Nach einigen Portionen Ochsenbraten vom Spieß und dem ein oder anderen Fassbier »zu Preisen wie vor 25 Jahren« (Ernst Schacht) waren die Fans ausgesöhnt.

Mit großem Jubel verabschiedeten sie die Mannschaft, die bei offenem Verdeck »in vier Staatskarossen (Stückpreis 80000 Mark) zur ›Aktuellen Schaubude‹ ins Fernsehstudio gefahren« wurde, wie die »Morgenpost« herausgefunden hatte.

048

050

»Der Unterschied zwischen 2. Liga und Bundesliga ist folgender: In der 2. Liga kann ich in der Pause ein Bier trinken und nach dem Spiel sofort eine qualmen. In der Bundesliga wird gekloppt. Da schmeckt mir noch drei Stunden nach dem Spiel keine Zigarette.«

Walter Frosch erklärt »Bild« nach dem Aufstieg 1977 die Bundesliga

Ein Frosch und vierzig Bier 050

038
052

047
051

Verteidiger Walter Frosch hatte das historische Ereignis verschlafen. Erst drei Minuten nachdem es feststand, riss ein »Morgenpost«-Reporter ihn aus seligem Schlummer. Sonntag, 8. Mai 1977, 16.51 Uhr: Aufstiegskonkurrent Bielefeld hatte in Bonn verloren. Der FC St. Pauli war endgültig Erstligist. »Das kann doch nicht wahr sein, ich bin überglücklich!«, stammelte Frosch benommen ins Telefon. Sein Schönheitsschlaf hatte nur drei Stunden gedauert: »Froschi« und Mannschaftskameraden hatten ihren Sieg gegen Herford vom Vortag in diversen Nachtbars auf dem Kiez ausgiebig begossen. »Wir haben uns was Heißes angesehen und ein paar getrunken«, gestand ein nicht genannt werden wollender St. Paulianer der Presse: »Gekostet hat das nix. Wir sind ständig eingeladen worden.«

Da die Vereinsführung keine Feier vorbereitet hatte, nahmen die Spieler die Organisation der Aufstiegs-Soirée selbst in die Hand. Per Telefonkette verabredeten sie sich im »Hamburger Bierbrunnen« in Eppendorf, seinerzeit ein angesagteres Ausgehviertel als St. Pauli. Inhaber des Lokals: HSV-Verteidiger Horst Blankenburg.

»Wahrscheinlich hat noch nie eine Mannschaft in Deutschland den größten Tag ihrer Vereinsgeschichte so unpathetisch und lässig begangen«, lobte ein anwesender »Bild«-Journalist: »Typisch für St. Pauli. Etikette, großes Brimborium ist der Truppe vom Millerntor ein Greuel.« Angesichts der duften Stimmung vergaß Walter Frosch glatt einen geplanten Anruf bei seiner Frau Mama in Ludwigshafen (es war Muttertag). Stattdessen widmete er sich voll und ganz seiner Vorstellung von gesunder Ernährung: »An einem solchen Tag trinke ich auch mal 30 oder 40 Glas Bier«, eröffnete er dem entgeisterten »Bild«-Reporter, der nicht umhinkam, für seine Leser ein »(in Worten: dreißig oder vierzig!)« zu ergänzen. Froschs überzeugende Begründung: »Schließlich war ich Schornsteinfeger. Da hab ich das gelernt. Prost, Herr Präsident!«

Nachdem die Fete gegen 5 Uhr morgens ihr Ende gefunden hatte, zog »Bild« ein anerkennendes Fazit: »Eine dufte Clique, die Jungs von St. Pauli. Wie heißt es: An ihren Feiern sollt ihr sie erkennen. St. Pauli ist erkannt: eine Mordstruppe, der eine Devise heilig ist: Dienst ist Dienst, und Schnaps ist Schnaps!«

049 — 058

»Was sind das doch für liebe Burschen, die Jungs des FC St. Pauli! Helden sind sie, Hamburgs neue Helden, aber sie wissen es gar nicht. Ein bisschen schüchtern, unverdorben, ohne Starallüren – eine Mannschaft zum Knuddeln.«

»Bild« ist 1977 ganz verliebt in den zweiten Bundesligisten der neuen »Fußball-Hauptstadt Hamburg«

1977

051 Der Aufstieg und die Queen

050 — 052

Fast hätte der erste Bundesliga-Aufstieg des FC St. Pauli für Verstimmung auf diplomatischem Parkett gesorgt: Während das entscheidende Spiel gegen Herford stattfand *(siehe 049)*, war Bundesfinanzminister Hans Apel, St. Pauli-Fan seit Kindertagen und später Vizepräsident des Vereins, zu Gast auf der königlichen Jacht von Queen Elizabeth II.

Obwohl Apels persönliche Prioritäten in diesem Moment außerordentlich unpolitisch waren, kam eine Absage des Termins nicht in Frage. »Also saß ich da, als Pinguin verkleidet, und die Queen fragte mich, warum ich so nervös herumzappeln und dauernd wegrennen würde«, berichtet Apel. »Da habe ich ihr alles erzählt. *Her majesty* sagte, das sei doch überhaupt kein Problem. Sie winkte einen Adjutanten heran, und der wurde beauftragt, die Zwischenstände zu übermitteln.« Ein Anruf bei seiner Ehefrau brachte Apel endgültige Gewissheit: Der FC St. Pauli war in die 1. Bundesliga aufgestiegen.

1977

Das Geheimnis der Puff-Prämie 052

051
059
050
065
041
053

Ihren Aufstieg in die 1. Bundesliga 1977 feierten St. Paulis Fußballer schon in Hamburg nach allen Regeln der Kunst *(siehe 050)*. Danach setzten sie die Party-Messlatte noch einige Zentimeter höher: Auf ging's zum Mannschaftsausflug nach Mallorca, dank einer prall gefüllten Mannschaftskasse und einer »Spende« der Kiezgröße Mariano Perez, Inhaber des Edelbordells »Café Lausen« auf der Reeperbahn. Unweit des »Ballermanns« mietete die braun-weiße Delegation sich im Hotel »Sofia« ein – demselben Etablissement, in dem ihre Nachfolger auch die Aufstiege 2007 und 2010 zelebrierten.

Für die Jüngsten im Team schlug auf Mallorca die Stunde der Wahrheit: »In der Hotelhalle wurden wir mit Sangria empfangen«, erinnert sich der damals 20-jährige Rolf-Peter »Buttje« Rosenfeld. »Ich dachte: ›Mensch, das schmeckt aber klasse, Fruchtsaft!‹ Davon habe ich mich vier Tage nicht wieder erholt.« Entsprechend präsentierte er sich bei einem Freundschaftsspiel gegen Real Mallorca (Endergebnis: 1:1). »Unser Trainer fragte auf der Bank: ›Sagt mal, hat der Buttje denn auch getrunken?‹ – betretenes Schweigen. Da hat der Trainer mich auf dem Spielfeld angebrüllt: ›He, Buttje, wir spielen in *diese* Richtung!‹«

Rosenfelds Mannschaftskameraden ließen sich unterdessen durch eine Prämie besonderer Art beflügeln: Demjenigen, der gegen Real Mallorca ein Tor schösse, hatte Kiezgröße Perez einen Gratisbesuch in seinem Edelbordell versprochen. »Ich hatte davon nichts mitbekommen, wunderte mich aber, warum ein Spieler von uns aus jeder Position versucht hat, aufs Tor zu schießen«, erzählt Buttje Rosenfeld. »Der hat versucht, Eckbälle direkt zu verwandeln oder Freistöße aus 30 Metern aufs Tor zu zirkeln, und spielte keinen Ball ab. Irgendwann hat er dann getroffen, und ich habe mich gewundert, warum der sich so freut – das Spiel war ja völlig bedeutungslos ...«

Zum Glück überstand der Mannschaftsgeist den hitzigen Kampf um die Torprämie ohne Schrammen – obwohl auch andere Spieler ein Auge auf die Prämie geworfen hatten, so Rosenfeld: »Gut, dass kein Elfmeter für uns gepfiffen wurde. Ich glaube, das hätte Prügeleien gegeben. Weil keiner freiwillig nachgegeben hätte, wer den schießen darf.«

1977

053 2:0 statt 0:8: Das erste Bundesliga-Derby

019 065 049 064 049 071

Vierzehn Jahre lang hatten der FC St. Pauli und der HSV sich nicht mehr in einem Punktspiel gegenübergestanden. Nach der Gründung der Bundesliga hatten sich die Wege der Vereine 1963 getrennt *(siehe 035)*. Entsprechend klar waren die Rollen vor dem ersten Bundesligaduell am 3. September 1977 verteilt: Hier der amtierende Europapokalsieger der Pokalsieger mit Stars wie Kevin Keegan, Felix Magath und Manfred Kaltz. Dort der eben erst aufgestiegene Bundesliga-Neuling. St. Paulis Verteidiger Walter Frosch tippte in einem Wettbüro trotzdem auf den eigenen Sieg, getreu seiner Maxime: »Nur Optimisten wetten, Pessimisten haben keinen Mumm dazu.«

HSV-Mannschaftskapitän Peter Nogly dagegen war sich sicher: »Wir gewinnen 8:0. Und das ist mein voller Ernst«, verkündete er in der Presse. Doch nach 30 Minuten stand es 1:0 für den FC St. Pauli: Franz Gerber hatte gleich zwei Gegenspieler am Strafraum abgeschüttelt und am herausstürzenden HSV-Keeper Kargus vorbei eiskalt ins linke Eck eingeschoben.

052
060
048
068

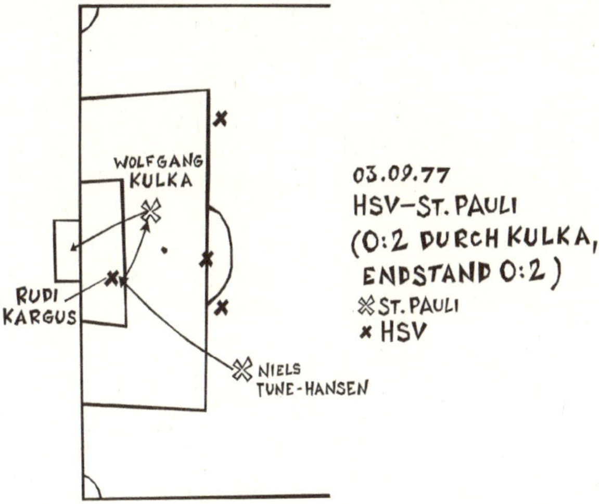

Unter den 48000 Zuschauern im ausverkauften Volksparkstadion kam es bald zu unglaublichen Szenen: »Auf dem Kopf eine HSV-Mütze, auf den Lippen ›Sankt-Pauliii‹-Rufe«, berichtete das »Abendblatt«: »Die Zuschauer, die Gefallen an dem unkomplizierten und taktisch ausgefeilten Spiel des krassen Außenseiters St. Pauli gefunden hatten, nahmen das Bundesliga-Baby auf ihren Schoß und päppelten es mit Beifall und Anerkennung hoch.«

Das wiederum bedankte sich in der 87. Minute mit dem 2:0 durch Wolfgang Kulka. Die Sensation war perfekt – und die Schadenfreude groß: »Ätsch – ganz Deutschland jubelt mit St. Pauli«, titelte »Bild«. Das »Abendblatt« bescheinigte dem HSV »niveauloses Gekicke«, und Nationalmannschafts-Libero Kaltz schimpfte gegen das eigene Team: »Ohne Tempospiel und Einsatz kann man selbst gegen einen Aufsteiger nicht gewinnen.« Sein Abwehrgegenüber Walter Frosch dagegen hatte doppelten Grund zur Freude: Der »Wettkönig« des Abends hatte sich durch seinen mutigen Tipp 500 Mark gesichert.

Alle Bundesligaduelle gegen den HSV bis 2022 (Ergebnisse aus Sicht des FC St. Pauli)

Saison	Datum	Heim / Auswärts	Ergebnis
1977/78	03.09.1977	A	2:0
	28.01.1978	H (Volkspark)	2:3
1988/89	03.09.1988	A	1:1
	23.03.1989	H (Volkspark)	1:2
1989/90	16.09.1989	H (Volkspark)	0:0
	24.03.1990	A	0:0
1990/91	25.11.1990	H (Volkspark)	0:2
	01.06.1991	A	0:5
1995/96	24.11.1995	A	0:1
	05.05.1996	H (Volkspark)	1:1
1996/97	15.09.1996	A	0:3
	14.03.1997	H (Volkspark)	2:2
2001/02	02.12.2001	A	3:4
	19.04.2002	H (Volkspark)	0:4
2010/11	19.09.2010	H (Millerntor)	1:1
	16.02.2011	A	1:0
2018/19*	30.09.2018	A	0:0
	10.03.2019	H (Millerntor)	0:4
2019/20*	16.09.2019	H (Millerntor)	2:0
	22.02.2020	A	2:0
2020/21*	30.10.2020	A	2:2
	01.03.2021	H (Millerntor)	1:0
2021/22*	13.08.2021	H (Millerntor)	3:2
	21.01.2022	A	1:2

* 2. Bundesliga

Freude, schöner Fußballzauber 054

Melodie: Beethoven, »Freude, schöner Götterfunken«, aus der 9. Sinfonie in d-Moll op. 125

028 067

Freude, schöner Fußballzauber,
das ist unser Sankt Pauli,
Zuckerpässe, Zaubertore, Fußballgötter allesamt,
Kurzpassspiel und Übersteiger, so kriegt das nur einer hin,
Freude, schöner Fußballzauber,
das ist unser Sankt Pauli!

1977

Das Millerntor als Event-Hochburg 055

042 063 037 065 047 057

Absurd, aber wahr: Ausgerechnet der Verein, dessen Fans heute als besonders kritisch in Bezug auf die Kommerzialisierung und Eventisierung des Fußballs gelten, versuchte sich in den 70er Jahren als Vorreiter des Event-Marketings im Stadion.

»Kein Heimspiel des FC St. Pauli mehr ohne ein kunterbuntes Rahmenprogramm«, frohlockte das »Abendblatt« im April 1977: »Vor dem Schlagerspiel gegen Hannover 96 verbreitet heute die Gruppe ›Campfire‹ Country-and-Western-Atmosphäre am Millerntor.« Zudem half Fernseh-Butler Martin Jente, bekannt aus Kulenkampffs »Einer wird gewinnen«, lukrative Preise zu verlosen: »Der Knüller neben Kassettenrekordern, Büchern und einem Fernsehgerät: ein verlängertes Wochenende in der italienischen Metropole Rom.« Für eine Person, wohlgemerkt, so dicke hatte der Verein es denn doch nicht. Immerhin fand er einen Sponsor für 10000 süße Osterhasen und -eier, die vom Pony-Maskottchen »Paulchen« ins Stadion transportiert wurden.

Im Dezember, beim Heimspiel gegen Bayern München, landete gar der Weihnachtsmann persönlich per Helikopter auf dem Rasen (im Volksparkstadion, man spekulierte auf höhere Einnahmen).

Viele dieser Maßnahmen wären für heutige St. Pauli-Fans das nackte Grauen. Beruhigend, dass die Vereinsführung das nach eigenen Angaben ähnlich sieht: »Trotz aller Kommerzialisierung«, so Michael Meeske (Geschäftsführer 2005–15), sei die »Reduktion auf das Wesentliche« für den Verein von zentraler Bedeutung. Und das sei der »authentische, wirkliche Fußball«.

1978

056 Der Millerntor-Effekt

034

066

6 Siege, 6 Unentschieden, 22 Niederlagen – so lautet die traurige Bilanz der ersten Bundesliga-Saison 1977/78 des FC St. Pauli. Der Abstieg war bald besiegelt. »Die meisten von uns gingen gern mal einen trinken, und so haben wir den Aufstieg auch fast ein Jahr lang gefeiert«, gibt Walter Frosch zu. Doch daran allein lag es nicht. Zum einen hatte der dünne Kader viele Verletzungen zu verkraften. Zum anderen hatte die Vereinsführung bis auf fünf Begegnungen alle Heimspiele ins Volksparkstadion verlegen lassen – in der Hoffnung auf höhere Zuschauereinnahmen, die sich freilich nicht erfüllte. Von den Heimspielen am Millerntor ging keines verloren.

Obwohl das Stadion erst 16 Jahre alt war, galt es bereits als marode. Der Rasen war holprig, Sitzplätze und Überdachung gab es nur auf der 2009 abgerissenen Haupttribüne. »Die Mannschaften, die hier waren, konnten sich gar nicht vorstellen, dass es so etwas noch gibt«, sagt Defensivmann Jens-Peter Box – schließlich spielte die Konkurrenz wegen der Weltmeisterschaft von 1974 teils in nagelneuen Stadien. Besonders irritiert zeigten sich die Gäste von den Sanitäranlagen. Denn da es in ihrer Kabine keine Toilette gab, mussten sie im Falle des Falles »nach oben ins Clubheim, wo die ganzen Wahnsinnigen rumkrakeelt haben«, so Verteidiger Gino Ferrin, der den »Millerntor-Effekt« am Beispiel des Frankfurter Nationalspielers Grabowski beschreibt: »Der kam mit blassem Gesicht wieder runter: ›Da oben kann ich unmöglich auf Toilette gehen!‹ Und so hat er dann auch gespielt. Das waren so Kleinigkeiten, die man hätte ausnutzen müssen.«

1979

»Der FC St. Pauli ist zahlungsunfähig« 057

044
058

055
058

Der Schock kam im Mannschaftsbus: »Lizenzentzug für den FC St. Pauli«, verkündeten die Nachrichten im Autoradio. Schon zuvor hatte festgestanden, dass das letzte Spiel der Zweitliga-Saison 1978/79 bei Preußen Münster, zu dem die Kiezkicker unterwegs waren, sportlich bedeutungslos war. Der sechste Tabellenplatz war dem FC St. Pauli nicht mehr zu nehmen. Doch plötzlich drohte der Zwangsabstieg in die 3. Liga.

Von der nächsten Autobahnraststätte rief Manager Werner Pokropp beim DFB in Frankfurt an. Mit hängenden Schultern kehrte er zurück. Schon seit Wochen hatte der drohende Lizenzentzug Schlagzeilen gemacht. Stets hatte das Präsidium betont, »noch ein paar Tricks auf Lager« zu haben. Das Gnadengesuch des FC St. Pauli war dennoch abgelehnt worden.

»Wir sind alle wie betäubt. Am liebsten würden wir uns gar nicht erst umziehen«, erklärte Torwart Rynio nach der Ankunft in Münster. Die Spieler taten es doch – und gingen 0:4 unter. Der Schreck saß tief.

Einige Tage später folgte die ausführliche Begründung des DFB: »Der FC St. Pauli ist zahlungsunfähig.« Die vorgelegten Zahlen zerriss er in der Luft: Gewinne »nur scheinbarer Natur«, Erträge aus dem »Verkauf von Forderungen«, die dem Verein nicht zugestanden hätten. Nur regelmäßige Darlehen der Präsidiumsmitglieder hätten den Verein am Leben erhalten. Der DFB-Entschluss blieb unverrückbar – und der FC St. Pauli stand dichter vor dem Abgrund als jemals zuvor. Sollte das »Leben auf Pump« den Verein die Existenz kosten?

1979

058 Tristesse in Orange

057 065 057 062

Nach dem Lizenzentzug 1979 trug der FC St. Pauli Trauerflor. Der war allerdings nicht schwarz, sondern orange: Mit dieser Farbe übermalten fleißige Vereinsmitglieder alle Werbebanden des Millerntor-Stadions. Die Werbepartner wollten mit dem Verein nichts mehr zu tun haben und hatten den St. Paulianern verboten, ihre Werbung weiter zu zeigen.

Auch der Brustsponsor entzog dem FC St. Pauli das Vertrauen. Er forderte den Verein per Anwaltsschreiben auf, seine Werbung von den Trikots zu entfernen. Also ließ die Vereinsführung den Schriftzug mit einem braunen Stück Stoff übernähen. Spielplakate musste der FC St. Pauli selbst basteln – keine Druckerei gab dem Verein mehr Kredit. Die Plakate halfen wenig: Der Zuschauerschnitt der Saison 1979/80 betrug 1642.

Doch selbst die geringsten Spieltagseinnahmen lockten die Gläubiger des Vereins an. Der FC St. Pauli wusste sich zu helfen: »Zehn Minuten vor Spielbeginn ging der Mannschaftsbetreuer rum und sammelte die Tageseinnahmen ein«, erzählt Hans Apel, St. Pauli-Fan und einst Finanzminister der Bundesrepublik Deutschland. »Wenn bei Spielanpfiff der Gerichtsvollzieher kam, war fast nichts mehr da, aber St. Pauli hatte wieder Geld.« So wurden Gehälter und Prämien gezahlt.

Lag der FC St. Pauli bei Heimspielen zur Halbzeit bereits deutlich in Führung, schlürfte der Trainer seinen Pausentee in der Kabine häufig alleine. »Dann standen die Spieler oben beim Mannschaftsbetreuer vorm Büro«, erklärt Verteidiger Uwe Mackensen: »Die haben sich schon mal ihre Siegprämie abgeholt, weil nach dem Spiel ja nichts mehr da war.« Stand der Sieg erst bei Spielende fest, galt das Prinzip »First come, first served«: »Jeder wusste, schnell unter die Dusche, schnell hin und als Erster da stehen, damit du dein Geld bekommst«, berichtet Mittelfeldstratege Hansi Bargfrede.

Sollten größere Summen fließen, wurde es filmreif. »Geldzahlungen, das ging ja nicht offiziell«, erklärt Bargfrede. »Weil ich außerhalb wohnte, habe ich mich mal mit einem an einer Raststätte getroffen. Ich hatte 70 Kilometer Anfahrtsweg, und da fand dann eine Geldübergabe statt. Also, das war alles schon sehr verrückt, fand ich.«

Verzweifelt versuchte der Verein, Nebeneinnahmen zu generieren. »Wir haben die Eltern unserer Jugendspieler aufgefordert, zu den Heimspielen selbstgebackene Torten mitzubringen«, beschreibt der damalige Vizepräsident Otto Paulick die Bemühungen. »Da kamen dann so 25 Torten zusammen, und die hat meine Frau Annegret hinter der Haupttribüne verkauft, mit selbstgebrühtem Kaffee. Das war der Renner!« So kam der mittlere Bereich der Haupttribüne zu seinem Spitznamen »Kuchenblock«. Auch später schwor Paulick, dass die Erlöse aus dem Kuchenverkauf an manchen Tagen die Zuschauereinnahmen übertrafen.

»Wir hatten unter jedem Stuhl in der Geschäftsstelle einen ›Kuckuck‹ kleben. Dem Verein damals etwas zu geben, das war wie etwas in ein Rattenloch zu werfen.«

Präsident Wolfgang Kreikenbohm
über die Zeit nach dem Lizenzentzug 1979

1980

059 Training auf dem Ponyhof

052 — 060

Auch in seinen dunkelsten Stunden bewies der FC St. Pauli Kreativität: Weil aus Geldmangel an ein Trainingslager nicht zu denken war, lud St. Pauli-Präsident Kreikenbohm seine Kicker Anfang der 80er Jahre auf seinen Ponyhof in Schleswig-Holstein ein. Professionelle Trainingsplätze: Fehlanzeige. Kein Problem für die St. Paulianer, die ihre Trainingseinheiten bei schlechtem Wetter in eine winzige Reithalle verlegten. Zwischen Pferdeäpfeln und Stallmist bolzten sie im tiefen Voltigiersand Kondition.

Wolfgang Kreikenbohm lud seine Mitarbeiter in späteren Jahren weiter gern zum After-Work-Kick in der Reithalle ein. Jeden Mittwoch war es so weit. Die Profis des FC St. Pauli jedoch haben sich hier nie wieder blicken lassen.

1981

060 Wenn einer eine Reise tut ...

053 — 061

059 — 080

Die Auswärtsfahrten des FC St. Pauli Anfang der 80er Jahre gerieten oft zu einem Abenteuer. Schuld war die heikle Finanzlage. Die Verantwortlichen ergriffen zum Beispiel eine Maßnahme, die heute höchstens als Werbegag vorstellbar wäre: Sie verkauften die freien Plätze im Mannschaftsbus an Fans. Vorn versuchten die Spieler, sich auf die kommende Partie zu konzentrieren, hinten feierten die Schlachtenbummler, trinkend und rauchend. Letzteres störte die Spieler allerdings weniger, so Mittelfeldspieler Hansi Bargfrede: »Schließlich haben wir auch alle geraucht ...«

Oft war schon das Auftreiben eines geeigneten Transportmittels eine Herausforderung. Schließlich hatte der Verein überall Schulden. Zu einem Auswärtsspiel nach

Hannover kam der bestellte Bus erst gar nicht. »Nach einer Stunde Warten haben wir dann beschlossen, unsere Privatwagen zu nehmen«, berichtet Hansi Bargfrede. »Und dann standen wir da mit den Fans im Stau vor dem Stadion. Den Ordnern haben wir gesagt, dass wir Spieler sind, aber die haben sich nur totgelacht. Wir mussten telefonieren, damit uns einer reinholt. Der Anpfiff verschob sich um eine Dreiviertelstunde, und da waren 25000 Zuschauer. Wir haben dann auch 1:4 verloren ...«

Auch die Spieler trugen fleißig zum Chaos bei: Einmal wurde bei der Abfahrt Verteidiger Walter Frosch vergessen, weil der nach dem Durchzählen noch mal im Clubheim auf Toilette gegangen war. Als er wiederkam, war der Mannschaftsbus bereits verschwunden. Präsident Kreikenbohm, seines Zeichens Offizier der Reserve, ließ seine Beziehungen zur Bundeswehr spielen und forderte einen Hubschrauber an. Der aber kam nicht, und das Spiel in Nordhorn ging ohne Frosch 0:4 verloren.

»In den Trainingsspielchen hieß es öfter mal ›Raucher gegen Nichtraucher‹. Die Nichtraucher haben nicht ein einziges Mal gewonnen.«

Mannschaftskapitän Uwe Mackensen über die frühen 80er Jahre

058
064

1982

Im Anzug nach Afrika 061

060
062

Die Afrikareise des FC St. Pauli war ein Trostgeschenk des DFB: Weil der 1981 die 2. Bundesligen Nord und Süd zu einer eingleisigen Liga zusammengeführt hatte, gab es in diesem Jahr keine Aufsteiger aus den 3. Ligen, und der FC St. Pauli musste drittklassig bleiben – trotz Meisterschaft in der Amateur-Oberliga.

Über Frankfurt, Rom und Kairo erreichten die Kiezkicker am 27. Dezember 1982 ihre erste Station: Moga-

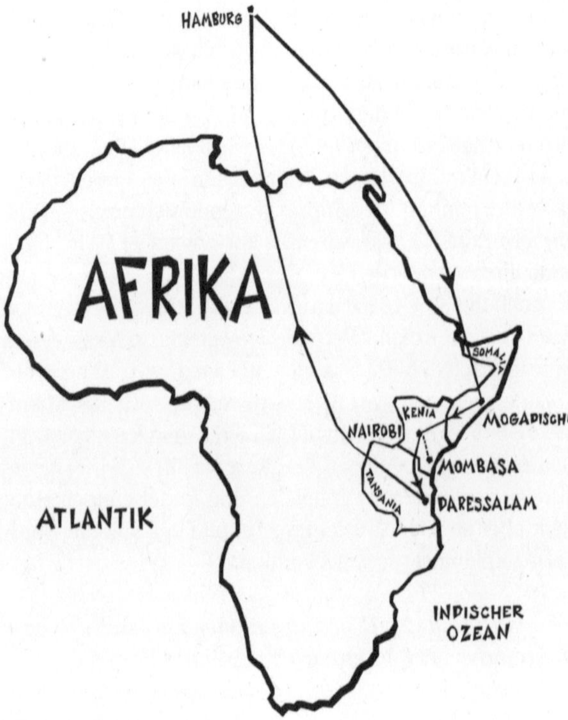

dischu, Somalia. Dem dortigen Klima standen die St. Paulianer mit eher unpassender Kleidung gegenüber, wie Mittelfeldspieler Hansi Bargfrede berichtet: »Wir waren von unserem damaligen Ausrüster Puma mit Anzügen ausgestattet worden. Für Afrika! Die Dinger waren zu 100 Prozent aus Polyester, die hast du eine Minute angehabt, da bist du geschmolzen wie ein Stück Schokolade.«

»Es gab viel Militär und eine wahnsinnige Armut«, schildert Abwehrrecke Stefan Studer die Situation in der Hauptstadt. Essen und Trinken waren jedenfalls nur begrenzt vorhanden. »Du konntest dich kaum ernähren von dem, was auf den Tisch kam«, erinnert sich Hansi Bargfrede. »Zum Glück hat unser Doc uns mit Vitaminpräparaten versorgt.« Das Hotel servierte ausschließlich fade Pasta – zweimal täglich, über eine Woche lang. »Es gab sonst nichts, kein Brot, kein Salz, kein Wasser«, graust es Stürmer Joachim Philipkowski noch heute. »Wenn ich in den Speisesaal kam und die Spaghetti-Pampe sah, wurde mir schon ganz anders.«

Die Laune der Spieler wurde nicht besser, als sie den Jahreswechsel in einer angesagten Diskothek feiern wollten, aber stundenlang nicht eingelassen wurden. Mannschaftsarzt Benckendorf regte sich darüber so auf, dass er von Sicherheitskräften abgeführt wurde und die Silvesternacht im Gefängnis verbrachte.

Das erste Spiel der Reise fand am 1. Januar im Nationalstadion zu Mogadischu statt. Weil einige somalische Tageszeitungen den FC St. Pauli kurzerhand zur »deutschen Nationalmannschaft« deklariert hatten, kamen 20000 zahlende Zuschauer. Sie bejubelten den 3:1-Sieg der deutschen Gäste gegen die Lokalmatadoren von Wagad Mogadischu. Im zweiten Spiel reichte es an gleicher Stelle immerhin zu einem 0:0 gegen den mehrfachen somalischen Meister Horseed FC.

An freien Tagen erfrischten sich die St. Paulianer im Indischen Ozean – obwohl die entsprechende Bucht »durch die Abfälle einer russischen Fleischfabrik von Haien verseucht war«, wie Verteidiger Jens-Peter Box seinem Tagebuch anvertraute.

Gott sei Dank erreichten die Kiezkicker dennoch vollzählig das nächste Ziel ihrer Reise: Kenia. Dort erwartete sie eine böse Überraschung. Die Gastgeber hatten das geplante Freundschaftsspiel von der Landeshauptstadt Nairobi ins 600 Kilometer entfernte Mombasa verlegt. Zur Bewältigung der Strecke stand bei 35 Grad Hitze nur ein Linienbus zur Verfügung. Den teilten sich die St. Paulianer nicht nur mit Einheimischen, sondern auch mit Ziegen und Hühnern. »Der Fahrer kaute auf irgendwelchem Betelzeugs rum«, erinnert sich Mannschaftskapitän Uwe Mackensen. »Außerdem hatte man uns gewarnt, dass so ein Bus bei einbrechender Dunkelheit schnell mal ausgeraubt wird.« Die St. Paulianer hatten es also eilig. Den Strapazen zum Trotz erkämpften die Braun-Weißen vor 20000 Zuschauern ein 1:1 gegen die ortsansässigen »Leopards«. Diese Leistung beeindruckte den kenianischen Verband so sehr, dass er St. Paulis Trainer Michael Lorkowski gleich als Nationalcoach verpflichten wollte. Vergeblich. Es sollte nicht die letzte Überraschung der Reise sein *(siehe 062)*.

1983

062 Spielabbruch in Tansania

061 / 063
058 / 094

Nach dem ersten Teil ihres Afrika-Abenteuers *(siehe 061)* erreichten die Fußballer des FC St. Pauli am 9. Januar 1983 die letzte Station ihrer Reise: Tansania. Dort sahen sich die Kiezkicker erneut mit einer spartanischen Versorgungslage konfrontiert. Speisen bekamen sie nur selten zu Gesicht. Zu trinken gab es nur warmes Bier, auch morgens. Das änderte sich erst, als die St. Paulianer dem Sportminister des Landes ein zusätzliches Spiel versprachen. »Plötzlich kam ein Lkw, vollgestopft mit Cola und Selter, und hat das Hotel beliefert«, erinnert sich Trainer Michael Lorkowski. »Das war unglaublich.«

Die erste Partie in Daressalam verlor der FC St. Pauli vor 12000 Zuschauern mit 0:1 gegen Pan Africa, die zweite gewann er gegen Young Africa mit 3:0. Das dritte und letzte Spiel gegen den tansanischen Meister Simba Daressalam sollte ein denkwürdiges werden. Nachdem schon die erste Halbzeit den Titel »Freundschaftsspiel« nicht wirklich verdient hatte, wurde die Partie in der zweiten Hälfte noch brutaler.

Wegen der zahlreichen Verletzten auf Seiten der Kiezkicker standen gegen Ende des Spiels sogar Trainer Lorkowski und der mitgereiste »Bild«-Journalist Gerd Peters auf dem Platz. Als ein weiterer St. Paulianer sich einen Bänderriss zuzog, war das Maß für Lorkowski voll: Er pfiff auf zwei Fingern und bedeutete seinen Spielern, den Platz zu verlassen. »Stefan Studer hat sich noch den Spielball geschnappt – der gehörte nämlich uns«, erinnert sich Lorkowski. »Und dann sind wir abgehauen.«

Die Zuschauer begannen zu randalieren, und als St. Paulis Mannschaftsbus das Stadion unter Polizeischutz verließ, flogen Tomaten und Steine. »Da war so eine dicke afrikanische Polizistin«, erinnert sich Verteidiger Uwe Mackensen, »die hat auf alles eingeprügelt, was rumlief.«

Trotz der Strapazen präsentierten sich die Kiezkicker verblüffend stark, als der Ligabetrieb direkt nach ihrer Rückkehr weiterging. Die ersten vier Punktspiele des Jahres entschieden sie allesamt für sich. 25 000 Flugkilometer, 1800 Kilometer Busfahrt und ungezählte Kilogramm fader Spaghetti hatten ihnen nichts anhaben können.

1983

Wir sind Fans – keine Hooligans! 063

055 065 062 071

Wie viele andere Fußballclubs hatte auch der FC St. Pauli Anfang der 80er Jahre Ärger mit gewalttätigen Fans. Doch im Gegensatz zu anderen Vereinen nahm der FC St. Pauli das Problem ernst: Im November 1983 kam es zu einem Treffen zwischen einigen Fans, Trainer Michael Lorkowski, Kapitän Uwe Mackensen und Liga-Obmann Hermann Klauck. Die Anhänger gelobten Besserung.

Dass etwas Besonderes heranwuchs, zeigte sich bei einem Spiel im September 1984. Nachdem die Braun-Weißen bei Hessen Kassel schon 4:1 in Führung gelegen hatten, vergeigten sie noch mit 4:5. Doch nicht der kuriose

Spielverlauf versetzte die hessische Presse in Erstaunen, sondern das, was dann geschah: »Fußball-Rowdys gehören mittlerweile leider zu den negativen Begleiterscheinungen des Profisports. Der FC St. Pauli zeigte jedoch am Wochenende, dass es auch anders geht! Die Enttäuschung über die Niederlage äußerte sich bei den Anhängern des FC nicht in Gewalttaten. Sie unterhielten sich noch hier und da mit einigen Besuchern über die gezeigten Leistungen, waren gut gelaunt. Wenn das Beispiel St. Pauli Schule macht, könnte so mancher Fußballfreund wieder sicher in die Stadien gehen.« Diese Zeilen zeigen auch, wie es um den Fußball in Deutschland zu jener Zeit bestellt war.

1985

064 St. Pauli schlägt Mailand

053
071

Sein 75-jähriges Bestehen feierte der FC St. Pauli bei bester Laune. Zum offiziellen Jubiläumsspiel gab sich Inter Mailand die Ehre und trat am 30. Mai 1985 mit Stars wie Hansi Müller oder Karl-Heinz Rummenigge am Millerntor an. Fast unbemerkt von der Weltöffentlichkeit siegte der FC St. Pauli vor 5100 Zuschauern 2:1 – ein Hinweis auf das große Potenzial der Mannschaft. Wenn es auch vielleicht nicht so groß war, wie ein Jubiläumsgratulant aus Polen vermutete: »Wir halten eure Mannschaft für die beste im Land«, verkündete er: »Nun möchten wir Ihnen noch alles Gute und viel Erfolg wünschen – in der Liga und im Europa-Pokal.«

060
065

»Vom Kiez-Image ist der FC St. Pauli so weit weg wie Hamburg vom Bayerischen Wald.« »Stuttgarter Zeitung« (1985)

»Die Reeperbahn sah damals elender aus – früher wollte niemand in dieses Viertel.« Der langjährige Mannschaftskapitän Jürgen Gronau über St. Pauli in den 80er Jahren

Wie das Gesicht des FC St. Pauli skelettierte 065

Er hat weder Vor- noch Nachnamen. Er hat noch nicht einmal gelebt. Und doch – er ist der prominenteste Neuzugang der Vereinsgeschichte. Und zweifellos der profitabelste: Er kostete den FC St. Pauli nur eine vergleichsweise kleine »Ablösesumme«, brachte ihm aber Einnahmen in Millionenhöhe.

Der Totenkopf ziert unzählige T-Shirts, Taschen und Mützen und ist das »Gesicht« des FC St. Pauli. Seine Geschichte begann mit einem Bagatelldelikt.

Ab Mitte der 80er Jahre pilgerten auch die Bewohner der besetzten Häuser an der Hafenstraße regelmäßig ans Millerntor. Unter ihnen war ein Punker namens »Doc Mabuse«. Nach einem Heimspiel seines FC St. Pauli schlenderte er mit Freunden über das Volksfest »Dom« auf dem Heiligengeistfeld, als er an einem Verkaufsstand eine schwarze Totenkopffahne entdeckte. Mabuse zögerte nicht lange und mopste das gute Stück, das zunächst die »Volxküche« in der Hafenstraße zierte. Dann kam ihm eine Idee: »Ich hab die Fahne einfach an einen Besenstiel ge-

053 075
024 066
058 075
063 066
052 074
055 066

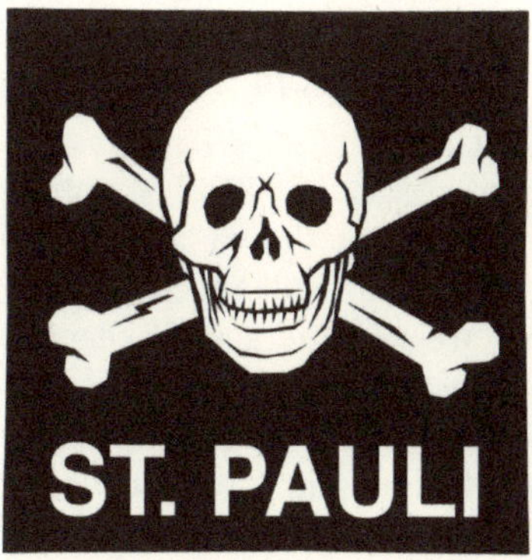

nagelt und bin damit losgezogen ins Stadion. Mein Totenkopf hatte allerdings noch eine Augenbinde.«

Mabuse fand, der Totenkopf passe bestens zu dem armen Stadtteilverein mit dem Underdog-Image und zu der neuen, politisch mehrheitlich links orientierten Fanszene, die sich in dieser Zeit auf den Stehrängen des Millerntors etablierte. Andere St. Pauli-Fans griffen seine Idee auf, und die Zahl der Totenkopffahnen im Stadion stieg. Wenig später, doch unabhängig davon, verband Steph Braun einen Totenkopf aus einem Anatomiebuch mit gekreuzten Knochen, eigentlich für ein »Anti-Batman-Shirt« gedacht, und den Schriftzug »St. Pauli«. Sein Ziel: ein Stadtteilshirt. Das Design kam an. »Ich habe unzählige andere Shirts gestaltet«, erzählt Steph. »Doch keins war ein solcher Riesenerfolg.«

Schon bald war der 1990 gegründete Fanladen St. Pauli mit Abstand der größte Abnehmer. Auch die Vermarktung des FC St. Pauli erkannte schließlich das Potenzial des (augenklappenlosen) Grinsemanns und kaufte Brauns Siebdruckerei die Rechte an dem Totenkopfsymbol ab. Mit einer professionellen Produktion und Vermarktung im Rücken entwickelte sich der Totenkopf endgültig zum quicklebendigen Verkaufshit.

»Als Vereinssymbol ist der Totenkopf mit Abstand das Stärkste, was es in Deutschland gibt«, meint Hendrik Lüttmer, zuständig für das Merchandising des FC St. Pauli. »Der Totenkopf funktioniert so ähnlich wie Che Guevara auf dem T-Shirt: Er steht für das Dagegensein, das Anderssein, das Alternativsein. Das Klischee vom Anwalt neben dem Punker am Millerntor ist natürlich ausgelutscht, aber es ist tatsächlich so: Für beide Seiten drückt der Totenkopf Zugehörigkeit zu einem nicht ganz klar definierbaren alternativen Raum aus.«

Die Kundschaft machte auch ungewöhnliche Kombinationen zum Renner und stürzte sich auf Weihnachtsschmuck mit Totenkopf oder schwarze Quietsche-Entchen.

»Die Hemmschwelle beim Totenkopf ist deutlich gesunken«, stellt Lüttmer fest. »Früher haben wir lange gezögert: Drucken wir den Totenkopf auf ein Baby-T-Shirt? Heute ist das ein Selbstgänger.«

Während der Totenkopf seinen Siegeszug unvermindert fortsetzt, hat sich sein »Erfinder« vom FC St. Pauli abgewandt: Doc Mabuse geht mittlerweile zu Altona 93. »Zu kommerziell und zu groß« sei ihm das alles geworden, bedauert er. Die Fahne, mit der alles begann, hat er verbrannt. »Um einen Schlussstrich zu ziehen.«

»In den USA steht der Totenkopf für Punkrock. Deswegen sind wir zwangsläufig Fans des FC St. Pauli.« 064

Brian Baker, Gitarrist der US-Punkband Bad Religion

»Hamburg ohne Hafenstraße ist wie Bundesliga ohne St. Pauli« 068

Aufkleberspruch (Ende der 80er Jahre)

1985

Die Dagegen-Gerade 066

Die Gegengerade am Millerntor ist sagenumwoben. Hier wehte in den 80er Jahren die erste Totenkopffahne, hier stand einst der »schwarze Block« der Hausbesetzer aus der Hafenstraße, hier gibt sich ein großer Teil des kritischen Fußballanhangs des FC St. Pauli ein Stelldichein. Rund 8000 Menschen finden hier derzeit Platz, 6000 von ihnen auf Stehplätzen.

056 068 065 075

»Durch die Gegengerade ist die Politik zum Fußball gekommen«, beschreibt Doc Mabuse, der »Erfinder« des St. Pauli-Totenkopfs *(siehe 065)*, was sich Mitte der 80er Jahre in diesem Stadionbereich abspielte: »Die Gegengerade war links. Da wurden ständig irgendwelche Transparente gemacht, gegen was auch immer. Gegen-Gerade, verstehste?«

065 Dagegen sein – das ist auf der Gegengerade immer noch »in«. Sie gilt aber auch als Geburtsstätte eines besonders kreativen Supports, der sich durch Selbstironie und 068 Spontaneität auszeichnet. Klassiker der Stadiondichtung erblickten hier das Licht der Welt. Als die DDR ihrem Ende 065 entgegentaumelte und die Ostdeutschen Freiheitsparolen skandierten, feierten die St. Pauli-Fans Abräumer Bernhard Olck mit »Wir sind das Olck!«-Schlachtrufen. Zur gleichen 068 Zeit erschallte ein lautes »Die Mauer muss weg!«, wenn der Gegner bei Freistößen seine Abwehrreihe postierte.

Dass die Gegengerade sogar mitverantwortlich für Spielertransfers sein kann, kam Anfang 2010 an Licht. Der FC Schalke 04 war zum Testspiel am Millerntor angetreten. Als sich dessen Angreifer Gerald Asamoah an der Außenlinie warmlief, schallte es aus Tausenden braun-weißen Kehlen: »Wir woll'n den Gerald sehen!« Prompt wechselte Schalke-Trainer Felix Magath ihn wie gewünscht ein. Für St. Paulis Sportdirektor Helmut Schulte ein Aha-Erlebnis: »Als unsere Zuschauer quasi den Wechsel eingeleitet haben, war mir klar, dass wir einen Transfer versuchen sollten.« Mit Erfolg: Im Sommer 2010 wechselte der gebürtige Ghanaer und ehemalige deutsche Nationalspieler ans Millerntor.

067 Zeckengesänge

054 Seit Ende der 80er Jahre werden die Anhänger des FC St. Pauli von gegnerischen Fans gern als »linke Zecken« tituliert und mit Sprechchören wie »Zick, Zack, Zecken-072 pack« und anderen Freundlichkeiten empfangen. Selbstverständlich haben sie passende Antworten parat ...

Wir sind Zecken

Melodie: »It's a heartache« von Bonnie Tyler. Der Song entstand als ironische Reaktion auf den Schmähgesang »Ihr seid Zecken, asoziale Zecken« und erfreut sich seit einiger Zeit wieder großer Beliebtheit.

Wir sind Zecken,
asoziale Zecken,
wir schlafen unter Brücken
oder in der Bahnhofsmission

Auf geht's, Zecken, schnorrt ein Tor

Zur gleichen Melodie wie das gern zur Feier von Heimerfolgen gesungene »Niemand siegt am Millerntor«

Auf geht's, Zecken, schnorrt ein Tor,
schnorrt ein Tor,
schnorrt ein Tor ...

1985

Es lebt ein Roar am Millerntor 068

066 069 066 075

Gäbe es eine Richterskala der Stadionstimmung, der »Millerntor Roar« wäre der größte anzunehmende Glücksfall. Alle St. Pauli-Fans sehnen sich nach ihm, doch zu hören ist er nur an besonderen Tagen. Wenn das Publikum im Stadion zu einer Einheit verschmilzt und sich in ein gewaltiges röhrendes Tier verwandelt – dann ist das einer der magischen Momente, in denen der »Roar« sich erhebt und das Millerntor-Stadion in seinen Grundfesten erschüttert.

Die Geburtsstunde des »Millerntor Roar« schlug Mitte der 80er Jahre – als Stadionereignis und als Redewendung. 1985 freute sich die Jubiläumsschrift zum 75. Vereinsgeburtstag: »Der unverkennbare ›Millerntor Roar‹ hat sich inzwischen in Deutschland herumgesprochen.«

066 »Schon wenn man rausging zum Warmmachen, wurde man bejubelt«, schwärmt Verteidiger André Trulsen. »Es kamen auf einmal immer mehr Leute ins Stadion, das war irre«, schildert Torwart Volker Ippig. »Die haben dann rich-
069 tig Attacke geblasen. Und das wurde immer mehr auch
048 eine Möglichkeit einer sozialen Ausdrucksform für die Leute aus dem Viertel und aus der Hafenstraße.«

In anderen Stadien verhielten sich die Besucher wie Unternehmer, die für ihre Investition in Form des Eintrittsgel-
085 des eine angemessene Rendite verlangten. Anders am Millerntor: »Du brauchtest keine Angst zu haben, dass die dich auspfeifen, wenn du mal einen Fehler machst«, berichtet Angreifer Michael Dahms. »Im Gegenteil, die haben dich immer noch wieder motiviert.«

Gleichzeitig wurde der FC St. Pauli so etwas wie die Antithese zum HSV. Dieser hatte zunehmend Probleme mit Gewalt und rechten Parolen in seinem Stadion. Nicht wenige kehrten dem Volkspark deswegen den Rücken und wechselten zum Lokalrivalen. Gleichzeitig erschloss der FC St. Pauli aber auch neue Zuschauerschichten.

Die Konten der Spieler füllten sich allerdings nicht analog zum Stadion, wie Dirk Zander bedauert: »Wir hatten in unseren Verträgen stehen, wenn über 10000 Zuschauer kommen, kriegen wir für jeden Zuschauer noch 10 Pfennig extra. Während des Spiels kam dann die Durchsage: ›Wir bedanken uns bei 9983 Zuschauern‹ ... 9999 wäre zu auffällig gewesen, aber es war natürlich immer knapp darunter.«

065

»Die rufen ›St. Pauli‹ und meinen sich selbst.«

Helmut Schulte über Zuschauer-Support am Millerntor

070

Zuschauerschnitt des FC St. Pauli 1979–1989

Saison	Zuschauerschnitt
1979/80	1642
1980/81	1962
1981/82	1600
1982/83	1932
1983/84	2676
1984/85	4387
1985/86	2196
1986/87	8126
1987/88	8518
1988/89	21 000

1986

Die Stimme vom Millerntor 069

068 075 068 078

Als Stadionsprecher war Rainer Wulff für viele Fans das, was Helmut Kohl oder Angela Merkel für so manchen jungen Menschen als Kanzler oder Kanzlerin waren: Die einzige Person, die sie auf dieser Position kannten.

1986 übernahm der Journalist und spätere Chef vom Dienst im NDR-Kulturprogramm beim FC St. Pauli ehrenamtlich den Job des »Durchsageheinis«, wie er selbst sagt – und behielt ihn bis 2017. Über 30 Jahre lang gab er Aufstellungen, Tore und Auswechslungen mit markantem Timbre bekannt und rief manchmal auch Fans zur Räson.

Als Stadionsprecher entwickelte Wulff seinen ganz eigenen Stil. Mit den marktschreierischen Unterhaltungsclowns, die in anderen Arenen ihr Unwesen treiben, hatte er wenig gemeinsam. Das tumbe »Danke-Bitte«-Spielchen mit den eigenen Fans nach einem Tor spielte er nie mit. »Ich vermeide auch das feindselige Wort ›Gegner‹ und spreche lieber von Gästen.« Für die spielte er auch stets ihr jeweiliges Fanlied – ungewöhnlich im Profifußball. Gleichzeitig bewiesen Wulff und sein Team immer ein offenes Ohr für die Wünsche des eigenen Anhangs – etwa durch die Einführung einer zehnminütigen »Einsingphase« ohne Musik oder Werbeunterbrechungen. So etwas gibt es anderswo nicht.

»Anfangs saß ich noch ungeschützt mitten auf der Haupttribüne, umgeben von grantelnden Rentnern«, erinnert sich Wulff. Nach dem Aufstieg 1988 zog er bis 2010 in eine winzige Kabine auf der Haupttribüne. »Jener legendäre Stuhl, der mir dort zugewiesen wurde, schien bereits damals vom Sperrmüll zu stammen: Gelbe, ramponierte Schaumstoffpolster quollen aus dem aufgerissenen Plastikbezug in Kotzfarben.«

Die Technik passte sich der maroden Arbeitsumgebung an: »Wenn ich im Überschwang der Gefühle ein Tor zu enthusiastisch bejubelte, setzte die übersteuerte Anlage minutenlang aus.« Mit Grausen erinnert Wulff sich auch an die Klimaanlage, die nicht etwa für angenehme Kühle sorgte, sondern »geeignet gewesen wäre, im Schlachthof Ochsenhälften schockzugefrieren«.

Nach seiner Pensionierung beim NDR war Wulff auch als Gesangs- und Opernjuror und als Autor satirischer Texte aktiv. An die Zeit in der Sprecherkabine am Millerntor denkt er gern zurück: »Dieser Verein hat mir mehr geboten als nur ein aufregendes Hobby: bürgerliches Engagement im besten Sinne, gesellschaftspolitisch ‚korrekte' Positionen, Toleranz und eine immer zielgerichtete Diskussionskultur.«

Der Un-Heilige Sankt Pauly 070

048
110

1986 stieg der FC St. Pauli in die 2. Bundesliga auf – und erreichte dort auf Anhieb den dritten Tabellenplatz. Damit nicht genug: Die Braun-Weißen qualifizierten sich auf diese Weise sogar für die Relegation zur 1. Bundesliga gegen deren Drittletzten, den FC Homburg.

Das Hinspiel in Homburg verlor St. Pauli 1:3 – als klar bessere Mannschaft. Das Rückspiel am 24. Juni 1987 übertrug RTL plus live. St. Pauli verballerte eine Großchance nach der anderen, bis Gronau endlich zum umjubelten 1:0 traf. Dann wurde Demuth im Homburger Strafraum umgerissen – Elfmeter! Von wegen. Der Schiedsrichter ließ weiterspielen und erntete den Zorn der Zuschauer. Erst recht, als er Homburg einen unberechtigten Elfmeter zusprach und das 1:1 fiel. St. Pauli jedoch stürmte weiter – und traf erneut. Studers 2:1 in der 88. Minute löste eine stadionweite Ekstase aus. Doch es blieb ein Tor zu wenig. Der Aufstieg war verspielt. Ein Schuldiger war schnell gefunden: Schiedsrichter Dieter Pauly, »der eben nicht heiliggesprochen und nie ›Sankt Pauly‹ heißen wird«, wie die Vereinszeitung festhielt. Und doch war dieses Spiel ein echtes Schlüsselspiel für den »Mythos St. Pauli«, meint Buchautor René Martens, und zwar nicht, »obwohl, sondern weil es nicht reichte – einfach, weil der FC auf heroische Weise gescheitert war«.

068
075

»Wer kämpft, darf verlieren. Wer nicht kämpft, kann nicht gewinnen.« Helmut Schulte (1984)

071 Ulm ist »zanderstruck«

064 – 073
053 – 091
063 – 087

1987 verpasste der FC St. Pauli den Bundesliga-Aufstieg nur ganz knapp *(siehe 070)*. Die Braun-Weißen trauerten nicht lange: »Für alle Spieler war ganz klar: Dann steigen wir eben nächstes Jahr auf«, erinnert sich Torjäger André Golke. Tatsächlich waren die Braun-Weißen schon nach dem 6. Spieltag der Saison 1987/88 Spitzenreiter der 2. Bundesliga. Und das, obwohl der FC St. Pauli mit seinem Etat von 1,2 Millionen Mark als »Armenhaus der Liga« (»Bild«) verspottet wurde. Als Trainer Willi Reimann im November 1987 überraschend zum HSV wechselte, kassierten die St. Paulianer eine willkommene sechsstellige Ablösesumme vom Stadtrivalen und bekamen obendrein Verteidiger Jens Duve als Leihgabe.

Als neuer Übungsleiter war zunächst HSV-Idol Horst Hrubesch im Gespräch. Doch der sagte, die Aufgabe sei zu groß für ihn. »Er ist ja auch ein Sensibelchen«, offenbart St. Pauli-Präsident Otto Paulick eine eher unerwartete Seite des gefürchteten »Kopfballungeheuers«, die er bei den Verhandlungen entdeckte.

Zu Reimanns Nachfolger bestimmte die Clubführung schließlich dessen bisherigen Co-Trainer Helmut Schulte. Der damals 30-Jährige avancierte so zum jüngsten Cheftrainer, den es je im deutschen Profifußball gegeben hatte. »Das war aus der Abteilung ›vom Tellerwäscher zum Millionär‹«, ist Schulte heute noch dankbar.

Blinden Aktionismus legte der gebürtige Sauerländer nicht an den Tag, als er sein Amt antrat. »Helmut Schulte machte genau das Richtige – nämlich gar nichts«, bilanziert André Golke. »Die Mannschaft war topfit und gut eingestellt von Willi Reimann übergeben worden.« Im ersten Spiel nach dem Trainerwechsel fegten die St. Paulianer Oberhausen im strömenden Regen mit 6:1 vom Platz. »Helmut war unser Kumpel, und für den haben wir uns den Arsch aufgerissen«, erklärt Mittelfeldstratege Hansi Bargfrede.

Mit Solidarität und Siegeswillen ballerten sich die Braun-Weißen weiter Richtung 1. Liga. Im letzten Spiel der Saison mussten sie in Ulm nur noch einen Punkt holen, um den Aufstieg perfekt zu machen.

»Wir sind hingefahren und waren felsenfest überzeugt, dass wir gewinnen«, erinnert sich Mittelfeldregisseur Jürgen Gronau. Er sollte recht behalten: In der 29. Minute feuert Dirk Zander einen Querpass von André Golke aus 25 Metern Entfernung per Dropkick in den linken Winkel des Ulmer Gehäuses – 1:0! Der Torschütze ist überglücklich, der Ulmer Keeper »zanderstruck« (frei nach AC/DC). St. Pauli hält den knappen Vorsprung, und 61 Minuten später ist das Wunder vollbracht: Der FC St. Pauli ist zum zweiten Mal in seiner Geschichte in die 1. Bundesliga aufgestiegen.

Super Hamburg, St. Pauli 072

Einer der ältesten Fangesänge am Millerntor

067

076

Olé, Olé, Olé, Olé,
Super Hamburg, Sankt Pauli!
Olé, Olé, Olé, Olé,
Super Hamburg, Sankt Pauli!

073 Autokorso mit Gedenkminute

071
081

Am 29. Mai 1988 siegte der FC St. Pauli 1:0 in Ulm – und stieg so zum zweiten Mal in die 1. Bundesliga auf. Die mitgereisten Fans trugen Trainer Helmut Schulte auf ihren Schultern vom Platz, der die Zuneigung mit einem »Ich liebe euch alle!« erwiderte. Der »Jubel zwischen Sektpfützen« (»Bild«) kannte keine Grenzen.

Per Flieger ging es zurück nach Hamburg. Als Lufthansa-Flug 1479 aus Stuttgart um 22.15 Uhr in Hamburg-Fuhlsbüttel aufsetzte, stürmten Hunderte begeisterte St. Pauli-Fans das Rollfeld. Der Gepäckbereich war ebenfalls braun-weiß besetzt, und die Ankunftshalle erbebte unter donnernden »St. Pauli!«-Rufen. »Ich dachte, wir wären Weltmeister geworden«, staunt Bernhard Olck noch heute.

Dann ging es per Autokorso in die Innenstadt. Der Mannschaftsbus bewegte sich im Schneckentempo; auf seinem Dach gaben Spieler, Trainer und Fans partymäßig Vollgas. Vor der Geschäftsstelle des HSV an der Rothenbaumchaussee legte die Feiergemeinde eigens eine »Gedenkminute« ein. Dann ging es weiter in die Deichstraße, wo Mannschaft und Betreuer zu später Stunde im »Saitensprung« weiterzechten, jetzt in geschlossener Gesellschaft. Als Verteidiger Jens Duve ein verlassenes Schlagzeug entdeckte und die Ohren der Anwesenden malträtierte, flüchteten Helmut Schulte und Präsident Paulick vor das Lokal und versorgten die dort wartenden Fans mit frischgezapftem Bier. Für Schulte blieb die Aufstiegsnacht noch aus anderen Gründen unvergesslich: Im überschwänglichen Jubel küsste er eine schöne Unbekannte. Sie ist heute seine Ehefrau.

Wir sind alle Hamburger Jungs ... 074

065

083

Dass sich die Fans des FC St. Pauli Ende der 80er Jahre so stark mit ihrer Mannschaft identifizierten, lag nicht nur an ihrem bedingungslosen Einsatz: Neun von elf Stammspielern kamen aus Hamburg und Umgebung. »Man war privat befreundet, man traf sich zu Kaffee und Kuchen – wie in einer kleinen Amateurmannschaft war das. Nur mit dem Unterschied, dass wir eben Bundesliga gespielt haben«, erinnert sich Mittelfeldmann Dirk Zander. »Und als Hamburger haben wir natürlich immer auch für den Verein und das Umfeld gespielt. Richtig mit dem Herzen.«

Stürmer Michael Dahms sieht es ähnlich: »Wenn man die Summen kennt, die damals gezahlt worden sind – da lacht sich heute jeder Verbandsligaspieler tot. Aber wir haben versucht, mit wenig Mitteln viel zu erreichen. Und das haben wir geschafft, weil wir Leute hatten, die nicht nur für Geld gespielt haben, sondern aus Leidenschaft.«

Zugleich pflegte der Verein die Beziehung zu seinem Viertel ganz bewusst: Vor dem Spiel quartierte sich die Mannschaft oft im »Hotel Hafen Hamburg« ein. »Von dort sind wir dann aber nicht mit einem Bus zum Millerntor gefahren«, schildert »Edeltechniker« Klaus Ottens, »sondern wir sind zu Fuß über den Kiez zum Stadion gelaufen, gemeinsam mit den Fans.«

»Es war für mich die Bestätigung: Wir gehören in diesen Stadtteil«, beschreibt Spielmacher Jürgen Gronau seine Gefühle. »Guck dir an, was für Leute hier auf der Straße sitzen. Das war für mich immer ein Ansporn, an meine Leistungsgrenze zu gehen.«

Manchmal brachte der Spaziergang sogar sportliches Glück. Der damalige Trainer Helmut Schulte erinnert sich: »André Golke ist einmal dick in Hundescheiße reingetreten. Im Spiel hat er dann drei Tore geschossen.«

075 Der Mythos kommt

065
087
066
081
065
077
068
083
069
084

Der Bundesligaaufstieg des FC St. Pauli 1988 löste eine bundesweite Euphorie aus, der die Medien bald den Stempel »Mythos St. Pauli« aufdrückten. Während St. Paulis Kicker sportlich für Furore sorgten, bejubelte die Presse den »Underdog-Verein der Bundesliga« als »Aufsteiger der Epoche«. Zu Beginn der Saison hatte mit RTL plus erstmals ein Privatsender die Berichterstattung über die Bundesliga übernommen. »Anpfiff – die totale Fußballshow« versprach nicht nur »alle Spiele, alle Tore«, sondern den »Blick über den Tellerrand« des rein Sportlichen. Dankbar griffen die Journalisten die skurrilen und bunten Geschichten auf, die der FC St. Pauli in Hülle und Fülle lieferte.

Schnell entstand das Bild vom »etwas anderen Verein«, das Presse und Fernsehen der bundesweiten Öffentlichkeit genüsslich präsentierten – nicht frei von Klischees und Übertreibungen: das baufällige Stadion, in dem Fußball noch »ehrlich gearbeitet« würde, die These, hier sei die Zeit stehengeblieben und gebe es noch »elf Freunde« in einer »Mannschaft zum Anfassen«; und immer wieder die Ikone Volker Ippig *(siehe 082)*. Die Vergangenheit des Torhüters als Entwicklungshelfer im revolutionären Nicaragua und zeitweiliger Bewohner der besetzten Hafenstraßenhäuser passte nicht nur für den »Kicker« »so gar nicht in das Klischee vom aufstrebenden Berufsfußballer mit Eigenheim, Familie und teurem Auto«.

Volker Ippig war es auch, der ein neues Publikum ins Stadion lockte, bei dem Fußball bis dahin verpönt war: Alternative linke, gar links-autonome Fangruppen, das war etwas völlig Neues in einem Fußballstadion. Plötzlich existierte ein Fußballclub, dessen Fans »Nazis raus!« brüllten, schwarze Kapuzenpullis trugen und lieber kifften als soffen. In der Fankurve des FC St. Pauli wehten die Totenkopffahnen, das Publikum war bunt gemischt. Die Behauptung »Da steht der Banker neben dem Punker« hält sich hartnäckig bis heute.

Fernsehmoderator Jörg Wontorra schuf zu jener Zeit das Label vom »Freudenhaus der Liga«. Es bediente das Bild der unaufhörlich feiernden, dem verbissenen Wettkampf abschwörenden Fans aus dem weltoffenen Rotlichtviertel – ein Klischee, das bis heute besteht.

Von Anfang an waren die Fans des FC St. Pauli die treibende Kraft hinter dem »Mythos«, und sie halten ihn bis heute am Leben – kritisch, kreativ und engagiert. Den Verkauf des Stadionnamens verhinderten sie ebenso wie die Kunstwährung namens »Millerntaler« *(siehe 121)* und eine riesige »Goliathwache« im Stadion. War es in den 80er Jahren der Kampf um die Hafenstraße, so sind es heute das Engagement gegen Rechts und der Widerstand gegen eine eventisierte Fußballmaschinerie sowie die Gentrifizierung des Stadtteils, die viele Anhänger des FC St. Pauli einen.

»Punks, prostitutes and St. Pauli«

Überschrift eines Beitrags des Nachrichtenportals CNN.com über den »coolsten Club im Fußball« (2010)

070
077

Heyja, yippie-yey, Hamburg, Hamburg St. Pauli

076

Heyja, yippie-yey,
Hamburg, Hamburg St. Pauli!

072
092

077 Alles Geschäftemacherei ...

075 086

Die Geburt des »Mythos St. Pauli« vollzog sich Mitte der 80er Jahre – doch erst in den 90er Jahren entdeckten die Marketingstrategen des FC St. Pauli sein Potenzial. »Bei anderen Vereinen ging das Image auf und nieder mit dem sportlichen Erfolg. Bei St. Pauli aber war das nicht der Fall: Das Stadion war voll, obwohl die Leistung schlecht war. Also musste da ja noch ein bisschen mehr sein. Und dieses Mehr zu analysieren, das war unsere Aufgabe«, erinnert sich Götz Weisener, ehemaliger Vermarktungschef, an die frühen 90er Jahre.

Der FC St. Pauli gründete als einer der ersten Vereine in Deutschland eine eigene Vermarktungs-GmbH. Diese übernahm das Medien-Etikett von den »Freibeutern der Liga«, »beförderte« den Totenkopf de facto zum zweiten Vereinslogo, verpasste dem offiziellen Wappen zeitweilig den Zusatz »non established since 1910« und etablierte den FC St. Pauli als Marke. Wer heute eine FC St. Pauli-Dauerkarte oder ein Totenkopf-Shirt erwirbt, kauft damit zugleich ein Statussymbol der Andersartigkeit, das auch »Angepassten« das Gefühl vermittelt, dass ihnen ein Stück Unangepasstheit geblieben ist. »Bayern München hat die Pokale und die Stars, und wir haben das Gefühl«, erklärt Hendrik Lüttmer, zuständig für Merchandisingprodukte des FC St. Pauli. »Was auch immer wir vermitteln – auf jeden Fall lässt es sich verkaufen. Du wirst niemals die Möglichkeit haben, die Klischees zu verhindern. Du wirst immer der rebellische, rotlichtverruchte Piraten-Chaotenverein sein. Du musst nur wissen: Das ist eine brillante Position. Und einmalig in Deutschland.«

075 079

»Wir waren alle unschuldig.« *Helmut Schulte über die Verhältnisse nach dem Bundesliga-Aufstieg 1988*

Dorfverein goes Bundesliga 078

069

079

Der FC St. Pauli stieg 1988 in die 1. Liga auf – doch sein Stadion genügte den Ansprüchen des Profifußballs zu diesem Zeitpunkt nur bedingt. »Die Gegner müssen gedacht haben, was ist das bloß für ein Asiclub hier«, schämt sich Mittelfeldspieler Klaus Ottens rückblickend: »Erst mussten sie sich durch das Fanspalier im Clubheim kämpfen. Da haben sie das erste Mal einen Schock gekriegt. Und als sie unten in die Umkleidekabinen kamen, nochmal doppelt und dreifach.«

Auch die Nerven der Fans wurden auf eine harte Probe gestellt: Wer Karten kaufen wollte, musste sich in eine lange Schlange vor einem Fenster des Clubheims einreihen. Dahinter bedienten rüstige Rentner die riesengroße Nachfrage, so gut es eben ging. Nebenbei offerierten sie das gesamte Fanartikel-Sortiment des Vereins: einen Einheitsschal und eine seidene Ballonmütze.

Im maroden Stadion besserte der FC St. Pauli nur das Allernötigste nach. Die Gegengerade bekam eine überdachte Sitzplatztribüne. »Damals hieß es, die sei nur ein Provisorium für maximal drei Jahre«, erinnert sich der damalige Trainer Helmut Schulte. Bis 2012 leistete die rostige Konstruktion treue Dienste, und das »ohne Baugenehmigung«, wie Ex-Präsident Otto Paulick gestand. Auf dem Dach ließ der Verein drei »Vogelhäuschen« installieren: So werden im Volksmund die morschen Holzkabinen mit Wellblechdach genannt, in denen Fernsehteams ihre Kameras postieren. Selbst mit allen Wassern gewaschene TV-Profis bangten hier schon um ihr Leben, wenn der ekstatische Torjubel unter ihnen die wackelige Tribüne fast zum Einsturz brachte. Scharfe Bilder vom Dach? In solchen Momenten unmöglich.

Auch der Bau der ersten Flutlichtanlage am Millerntor

fiel in diese Zeit. Ihre Einweihung feierten die St. Paulianer am 7. April 1989 mit einem 2:0-Sieg über Bayer Leverkusen. Und: Das Millerntor wurde durch Metallzäune in Blöcke aufgeteilt, aus Sicherheitsgründen. Darüber waren vor allem die »Kutten« traurig, die nun nicht mehr in der Halbzeit hinter das jeweils andere Tor pilgern konnten (meist in der Absicht, den gegnerischen Torwart durch lautes Pöbeln zu verunsichern). Fan-Original »St. Pauli-Willi« hingegen, seit den 60er Jahren eine feste Größe bei allen Heimspielen, musste den Verlust seiner liebgewonnenen Bewegungsfreiheit nur kurz beklagen: Die Vereinsbosse erlaubten ihm, fortan im Innenraum des Stadions sein Unwesen zu treiben. Willis Spezialität: gegnerischen Spielern bei der Ausführung ihrer Eckbälle mit Rassel und Tröte einen Gehörsturz beizubringen.

1988

079 Heim, sweet Heim

078

080

Eine absolute Rarität im deutschen Profifußball war bis zu seinem Abriss im Dezember 2007 das Clubheim des FC St. Pauli. Zum einen, weil es schien, als sei in dem Flachdachbau aus den 60er Jahren mit dem altbackenen Interieur die Zeit stehengeblieben. Zum anderen, weil die baulichen Gegebenheiten den Spielern unvermeidlichen Fankontakt bescherten. Mittelfeldspieler Klaus Ottens berichtet verzückt: »Kaum warst du drin, hattest du schon eine Bierdusche oder hast selber schon fünf oder sechs Bier getrunken.« Nach dem Schlusspfiff drängten sich Spieler, Trainer und Fans gemeinsam um den Tresen und plauderten.

»Das war nicht von der Vereinsführung oder vom Trainer angeordnet«, ergänzt Mittelfeldregisseur Jürgen Gronau. »Es war uns Spielern immer ein Bedürfnis zu hören, was die Fans bewegt.«

Die Nähe zu den Anhängern zahlte sich aus: »Es war ein wirkliches Miteinander«, beschreibt Klaus Ottens. »Auch wenn wir scheiße gespielt haben, hast du nie Pfiffe gehört. Die standen wie eine Eins hinter dir und haben dich 90 Minuten nach vorne gepeitscht. Und wir hatten das Gefühl, schon so ein bisschen Verantwortung für die Menschen und fürs Viertel zu haben.«

»Wir waren alles normale Typen. Wenn wir nicht gespielt hätten, hätten wir wahrscheinlich auf der anderen Seite gestanden.« 077 / 080

Stürmer André Golke über die Beziehung zwischen Fans und Spielern Ende der 80er Jahre

1988

Die Küche als VIP-Raum 080

060 / 096

079 / 083

Eine besondere Rolle beim FC St. Pauli spielte lange Zeit die Küche im Clubheim. In dem zwölf Quadratmeter kleinen Kabuff machten es sich die Fußballprofis auf Getränkekisten und Kartoffelsäcken bequem, wenn ihnen die unvermeidliche Volksnähe im überfüllten Clubraum *(siehe 079)* doch einmal zu viel wurde. Spieler wie Dirk Zander, André Golke, Rüdiger »Sonny« Wenzel oder Klaus Ottens bildeten den harten Kern der berüchtigten »Küchenclique«, die vor keiner jungfräulichen Zigarettenschachtel und vor keinem vollen Bierfass haltmachte. »Wir waren ein eingeschworener Kreis und haben uns nach dem Spiel regelmäßig die Lampen ausgeschossen«, schwelgt Klaus Ottens. Nach seiner Fußballer-Zeit machte er seine Leidenschaft zum Beruf und wurde Vertreter einer Brauerei.

Anderen diente die Küche als Eheanbahnungsinstitut: Joachim Philipkowski, einst Spieler und damals Trainer, lernte hier seine spätere Frau kennen.

Als über die Jahre immer mehr Fans Wind von der Sache bekamen, wurde es in der Küche irgendwann zu eng.

Das Feiern ließen sich die Kicker freilich nicht verbieten – der Kiez bot Alternativen genug.

Jürgen Gronau gibt zu: »Auf dem Platz waren wir Vollprofis. Aber danach haben wir uns manchmal benommen wie eine Thekenmannschaft.« Er beeilt sich aber, klarzustellen: »Das ging nach dem Motto: Wer feiern kann, kann auch arbeiten. Ab Mittwoch haben wir uns wieder aufs Fußballspielen konzentriert ...«

079 *»Früher gab es nur zwei Zeitungen und zwei Fernsehsender. Da warst du nicht gleich am nächsten Tag in den Medien oder wurdest mit dem Handy aufgenommen, wenn du*
081 *irgendwo auf der Bank geschlafen hast, weil du den Weg nach Hause nicht mehr gefunden hast.«*

André Trulsen trauert der guten alten Zeit nach

1988

081 Schmuddelkinder trotzen Bonzen

075 Die allgemeine Begeisterung über den Bundesliga-Aufstieg 1988 trieb die St. Paulianer zu ungeahnten Leistungen: Am fünften Spieltag der Saison 1988/89 besiegten sie den bis
082 dahin ungeschlagenen Tabellenführer VfB Stuttgart mit 2:1 und ließen das Millerntor erbeben. Eine Woche später
073 trotzten die St. Paulianer dem großen Stadtnachbarn ein 1:1 ab. Die »taz« kommentierte: »Der HSV krebst irgendwo im Mittelfeld herum, spielt allerübelsten Angestelltenfußball und lockt nur noch allertreueste Masochisten ins
085 Volksparkstadion. Ganz anders die Stimmung beim Aufsteiger FC St. Pauli. Eine Stadt liegt dem Verein mittlerweile zu Füßen.«

Doch würden die St. Paulianer auch gegen den großen FC Bayern München bestehen? Ganz Deutschland fieberte dem brisanten Kräftemessen am Millerntor entgegen. Die Presse stilisierte das Spiel zum Duell zwischen Arm und

Reich: »Schmuddelkinder trotzen Bonzen«, tönte die »taz«. Prompt bekamen die Bayern den Zorn des Volkes zu spüren: Sie wurden mit Pfennigstücken beworfen, auch Flaschen, Bierdosen und Leuchtraketen segelten aufs Spielfeld. »So chaotische Zustände habe ich in meiner Karriere noch nicht erlebt«, zürnte Bayern-Trainer Jupp Heynckes nach dem Spiel. Die St. Paulianer feierten das 0:0 gegen den haushohen Favoriten wie einen Sieg. Bayern-Torwart Raimond Aumann staunte in der »Bild« über das »Fußball-Tollhaus«: »Wahnsinn, dieses Publikum hier. Wenn unsere Zuschauer in München so wären, würden wir mit Sicherheit Deutscher Meister.« Wurden sie natürlich trotzdem.

»Hinten auf alles treten, und vorne hilft der liebe Gott – das war unsere Devise.«

Trainer Helmut Schulte über St. Paulis Spielphilosophie Ende der 80er Jahre

080
082

1988

Volker hört die Signale 082

081
086

Am 5. November 1988 erkämpfte der Bundesliga-Neuling FC St. Pauli am heimischen Millerntor ein 0:0 gegen den FC Bayern München *(siehe 081)*. Am gleichen Abend war St. Pauli-Torwart Volker Ippig zu Gast im »Aktuellen Sportstudio«. Das Fernsehinterview machte den blonden Mann mit den langen, zerzausten Haaren schlagartig in ganz Deutschland bekannt. Bekleidet mit T-Shirt, Jeanshose und Landarbeiterstiefeln, lümmelte er sich in seinem Sessel und wusste mit den Fragen seines Gastgebers Bernd Heller herzlich wenig anzufangen. Ippig war zu dieser Zeit die Ikone der linken Fanszene am Millerntor. Seine Anhänger huldigten ihm sogar mit einem eigenen T-Shirt. »Volker, hör die Signale« stand darauf, in Anlehnung an den Refrain der »Internationale«, des Kampflieds der sozialistischen Arbeiterbewegung.

Mitte der 80er Jahre hatte Ippig seine Fußballkarriere unterbrochen, um für ein halbes Jahr als Entwicklungshelfer ins sandinistische Nicaragua zu gehen. Danach lebte er einen Sommer lang in den besetzten Häusern der Hafenstraße, um schließlich mit dem FC St. Pauli in die 1. Bundesliga aufzusteigen. Für den braven Bernd Heller ein rätselhafter Lebenslauf: »Nicaragua, Hafenstraße, Fußballprofi – da hab ich ein bisschen Schwierigkeiten, das alles auf die Reihe zu kriegen, und Sie?« Antwort Ippig: »Tja – also, hab ich nich', die Schwierigkeit, muss ich ganz ehrlich sagen.« Auch Uli Hoeneß' Kritik am angeblichen »Sturzacker« des FC St. Pauli konterte Ippig auf unnachahmlich schnoddrige Art: »Das ist nun halt unser Stadion, wir sind in die 1. Liga aufgestiegen, das ist unser Rasen, und wenn die zu uns kommen, dann müssen sie sich damit abfinden, ganz einfach.«

Das Publikum johlte vor Vergnügen, und sogar das eher konservative »Hamburger Abendblatt« freute sich über den »unbequemen Mann im Sportstudio«: »Der hat seine Seele nicht für ein geschmeidiges Image verkauft. Vielleicht liebenswert für die, denen Einheitslächeln und Einheitsantworten nicht genug sind.«

Für den FC St. Pauli war Ippigs Auftritt unbezahlbar – transportierte er doch, gewollt oder ungewollt, das Image des »etwas anderen Vereins« in Millionen Wohnzimmer.

»Er war ein Zerrissener zu der Zeit. Für ihn zählte nicht die sportliche Leistung, sondern die ideologische.«

Ex-Präsident Otto Paulick über seinen damaligen Torwart Volker Ippig

Sport-Dome? Nein danke! 083

080 085 075 084 074

Das marode Millerntor-Stadion war lange Zeit ein fester Bestandteil des »Mythos St. Pauli« und bot den Medien reichlich Stoff für skurrile Geschichten. Wäre es nach dem Präsidium des FC St. Pauli gegangen, wäre damit schon 1989 Schluss gewesen: Auf dem Heiligengeistfeld wollte die Vereinsführung eine Multifunktionsarena namens »Sport-Dome« errichten lassen, mit 50000 Sitzplätzen, Einkaufszentrum und Tiefgarage.

Im Viertel erhob sich ein Sturm der Empörung. Fans und Anwohner fürchteten, die geplante »moderne Erlebniswelt« würde nicht in ihren Stadtteil passen, die Mieten in die Höhe treiben und das gerade erst entstandene Profil des FC St. Pauli bis zur Gesichtslosigkeit verwischen. Im März 1989, beim Heimspiel gegen den Karlsruher SC, organisierten die St. Pauli-Anhänger einen Schweigeprotest gegen das 500-Millionen-D-Mark-Projekt. Motto: »Entweder Sport-Dome oder wir!« Nur zwei Monate später stampfte das Präsidium die Pläne ein – auch, weil ein Gutachten die Unverträglichkeit des Mega-Baus für das Viertel bekräftigte.

Der Protest gegen den Sport-Dome markierte die Geburtsstunde der organisierten Fanszene beim FC St. Pauli. Und die lernte gleich eine wichtige Lektion: Vereinter Widerstand hat Aussicht auf Erfolg.

»Ich ließ in meinen Vertrag schreiben: Wenn das neue Stadion kommt, dann krieg ich soundsoviel mehr. Der Verein ist darauf eingegangen. Heute weiß ich auch, warum.« — *Jens Duve, Verteidiger von 1986–1990*

082 085

084 Die Mutter aller Fanzines

075
087
083
087

Als die Fans des FC St. Pauli 1989 gegen die geplante Multifunktionsarena »Sport-Dome« protestierten *(siehe 083)*, gründeten einige von ihnen eine eigene Fan-Zeitung – das erste »Fanzine« beim FC St. Pauli. Der »Millerntor Roar!« benannte sich nach der unverwechselbaren Lärmkulisse, die die Fans der Braun-Weißen bei Heimspielen fabrizierten *(siehe 068)*. Die Nullnummer erschien im Juli 1989. Der Untertitel »Fans – Fußball – Viertel« machte deutlich, dass die Redaktion mehr bieten wollte als reine Sportberichterstattung.

»Es gab vorher zwar Fußball-Fanzines, aber das waren so selbstkopierte, rechts angehauchte Hooligan-Postillen – Kollagen mit Titten, Suff und Scheiße in Mini-Auflage ohne irgendeinen Anspruch«, erinnert sich Mitgründer Sven Brux. »Den ›Millerntor Roar!‹ haben sie uns aus den Händen gerissen. Die Auflage stieg innerhalb der ersten drei Ausgaben von 500 auf 3000.«

Rasch entwickelte sich der »Millerntor Roar!« zu einem wichtigen Meinungsmacher und zur vielbeachteten Diskussionsplattform für die Fanszene des FC St. Pauli. Ob gegen Rassismus und Faschismus, die »Eventisierung« des Fußballs oder die »Yuppiesierung« des Stadtteils – immer war der »Millerntor Roar!« das Sprachrohr des Protests.

Gleichzeitig diente er den Anhängern anderer Vereine als Vorbild. Heute gilt er als »Mutter aller Fanzines«. Die letzte Ausgabe des »Millerntor Roar!« erschien 1993. Aus ihm gingen zwei neue Fanzines hervor: das später ebenfalls eingestellte »Unhaltbar!« sowie der heute noch erscheinende »Übersteiger«.

Die beste Saison aller Zeiten 085

081 091
083 088
068 095

»Der Wahnsinn heißt St. Pauli«, titelte das »Hamburger Abendblatt«: Am letzten Spieltag des Bundesligajahres 1988/89 schlug der FC St. Pauli Bayer 05 Uerdingen 5:1. André Golke schoss mit gebrochenem Zeh drei Tore, Kumpel Dirk Zander gab ihm fünf Liter Bier aus. Die Braun-Weißen beendeten die Saison auf dem 10. Tabellenplatz (32:36 Punkte, 41:42 Tore). Die höchste Bundesliga-Platzierung in über 111 Jahren Geschichte.

»Wir konnten schlecht verlieren, ganz einfach«, erklärt Torwart Volker Ippig. »Man ist berauscht von einem Sieg, das ist wie eine Sucht. Was da freigesetzt wird, das möchte man unbedingt wieder haben. Dieses Gefühl kann man sich nicht kaufen – für alles andere Mastercard, aber dafür nicht.«

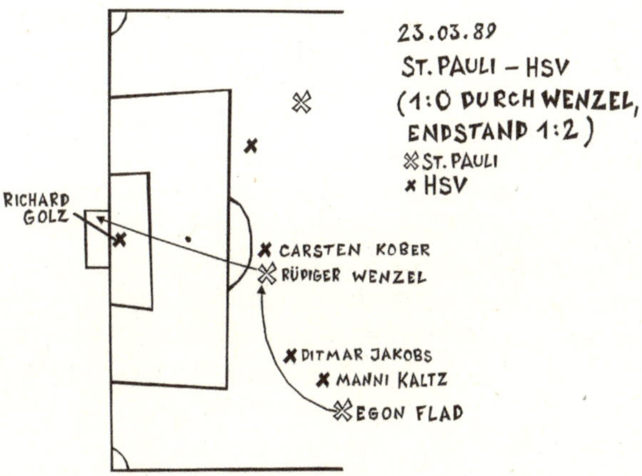

1988/89 erzielte Rüdiger Wenzel das erste »Tor des Monats« für den FC St. Pauli

Auch die Zuschauer kriegten nicht genug vom »Millerntor-Gefühl«: Am Ende der Saison hatte der FC St. Pauli einen höheren Zuschauerschnitt als der HSV.

Zuschauerschnitt Saison 1988/89

1. Borussia Dortmund	31 263
2. Bayern München	30 352
3. VfB Stuttgart	26 937
4. FC St. Pauli	21 000
…	
10. HSV	17 585

083 *»Wir wussten ja, so viele Tore machen wir nicht. Und wenn wir mal eins gemacht haben, dann haben wir es mit Zähnen und Klauen verteidigt.«*

086 *André Golke über ein Erfolgsrezept der späten 80er Jahre*

1989

086 »Klassenkampf« am Millerntor

082 Am 28. Oktober 1989 kam es am Millerntor wieder einmal zum Duell des FC St. Pauli gegen den FC Bayern München. »Wir treten nur unter Protest an. Das ist Volksverhetzung!«, polterte Bayern-Manager Uli Hoeneß. Stein des

088 Anstoßes war das »Millerntor Magazin«. Die offizielle Sta-

077 dionzeitung des FC St. Pauli sollte mit der Titelschlagzeile »Der Klassenkampf« erscheinen. »Ist doch klar, da kämpft auf dem Spielfeld Arbeit gegen Kapital«, philosophierte

109 St. Pauli-Trainer Helmut Schulte im Blatt, das sich seinem Titelthema mit provokantem Unernst widmete. Ein Spaß, den Uli Hoeneß nicht verstand.

Am Abend vor dem Spiel bekam er das Heft im »Sport 3 Magazin« des NDR-Fernsehens erstmals zu Gesicht und keifte mit hochrotem Kopf: »Das ist eine Sauerei! Ich wehre mich mit größter Vehemenz gegen die Darstellung, dass den Bayern-Spielern alles in den Hintern geschoben wird und nur die St. Pauli-Spieler dafür arbeiten müssen!« Die Münchner protestierten sogar beim DFB, der schließlich den Verkauf der Zeitung untersagte. Den Klassenkampf auf dem Rasen entschieden die Bayern für sich: »Kapital« 2 – »Arbeit« 0.

Die ironische Retourkutsche folgte ein Jahr später: Als die Bayern zurückkehrten, wurden sie vom »Millerntor Magazin« als »die größte Show aller Zeiten« angepriesen und in den weiß-blauen Himmel gejubelt. Uli Hoeneß bemerkte anerkennend, die Redakteure hätten es dieses Mal besser verstanden, ihre Antipathie in Worte zu fassen. Fortan erschien das »Millerntor Magazin« mit dem aufgedruckten Gütesiegel »Empfohlen von Uli Hoeneß«.

»Diese Geldsäcke können nicht mal richtig laufen. Aber sie unterdrücken die Pressefreiheit!« *Hans Apel in der »Bild«-Zeitung über das Verbot des »Millerntor Magazins« durch den FC Bayern München*

085
087

1990

Der Fanladen: Anlaufstelle und Heimat — 087

075
088

084
088

Mit dem HSV unter einem Dach zu leben – kein schönes Los für St. Pauli-Fans. Und doch lange Zeit Realität: Bis Anfang 1990 teilte sich das St. Pauli-Fanprojekt seine Räumlichkeiten mit dem Fanprojekt des HSV an der Holstenstraße. Am 15. Februar 1990 erhielt die Fanszene des FC St. Pauli endlich ihre eigene Anlaufstelle.

Das neue Etablissement in der Straße Beim Grünen Jäger war nicht gerade luxuriös, wie sich der erste »Fanladen«-Angestellte Sven Brux erinnert: »Das waren 20 Quadratmeter mit Kohleofen, einem Schreibtisch, einem Telefon und sonst nichts.« Doch die Anhänger des FC St. Pauli

084 088

rannten dem Fanladen von Anfang an die Bude ein. Er schuf Kommunikationsmöglichkeiten und Freiräume und wurde zur Geburtsstätte einer neuen Fankultur, die großen Einfluss auf andere Fanszenen in Deutschland und Europa haben sollte.

071 091

Nach mehreren Umzügen hat der Fanladen seinen Sitz mittlerweile am Millerntor neben dem FC St. Pauli-Museum. Neben seiner sozialpädagogischen Arbeit organisiert er auch die Auswärtsfahrten des FC St. Pauli und bietet zahlreichen Fangruppen oder der Redaktion des Fanzines »Übersteiger« ein Zuhause. Außerdem verkauft der Fanladen eine kleine Kollektion eigener Textilien, weswegen er bisweilen mit dem offiziellen Fanshop (in der Südtribüne des Millerntors) verwechselt wird.

086 088

»Der Tag, an dem hier die Gleichgültigkeit einzieht – das ist der Tag, an dem der FC St. Pauli zu einem Verein wie jeder andere wird. Aber dieser Tag ist noch lange nicht gekommen.« Sven Brux, erster Mitarbeiter des Fanladens und heute Organisationsleiter des FC St. Pauli

1990

088 St. Pauli gegen Rechts

087 107

085 090

Als Sven Brux im Frühjahr 1990 am heimischen Schreibtisch einen simplen Aufkleber entwarf, hätte er sich nicht träumen lassen, dass er damit den erfolgreichsten St. Pauli-Fanartikel aller Zeiten schaffen sollte. »Die Faust, die das Hakenkreuz zerschlägt, habe ich irgendwo ausgeschnitten, das St. Pauli-Zeichen danebengeklebt und dann Rubbelbuchstaben von ›Büro Hansen‹ draufgepappt«, erinnert sich der damalige Mitarbeiter des Fanladens *(siehe 086)*. Rund um den Globus ziert der »St. Pauli-Fans gegen Rechts«-Aufkleber mittlerweile Laternenpfähle, Stromkästen und alle möglichen und unmöglichen Objekte.

Mit seiner Bastelstunde griff Brux eine Entwicklung auf, die sich seit einiger Zeit in der Fanszene des FC St. Pauli bemerkbar gemacht hatte. »Nie wieder Krieg! Nie wieder Faschismus! Nie wieder 3. Liga!«: Das war Ende der 80er Jahre ein bis dato ungehörter Schlachtruf in deutschen Stadien. Seitdem gehört ein entschiedenes Eintreten gegen Rassismus und Faschismus fest zur Fan- und Vereinskultur am Millerntor. »Wenn wir unser Leben in die eigenen Hände nahmen und etwas in unserem Sinne verbessern wollten, dann wollten wir das in unserem Hobbybereich Fußball natürlich auch«, erklärt Brux das Engagement der Stadionbesucher.

086
089

087
090

087
089

Im Herbst 1991 nahm der FC St. Pauli als erster Verein in Deutschland eine Stadionordnung an, die rassistische und rechte Parolen oder Transparente untersagte (*siehe unten*). Bis heute füllen die Fans das Engagement gegen Rechts immer wieder mit neuem Leben, zum Beispiel mit der Ausrichtung des »Antira«, eines antirassistischen Einladungsturniers für Fußballfans, an dem jedes Jahr rund 50 Teams aus über 15 Ländern teilnehmen.

Der »St. Pauli-Fans gegen Rechts«-Aufkleber bleibt unterdessen ein Kassenschlager: Mehrere Millionen Mal hat er sich bislang verkauft.

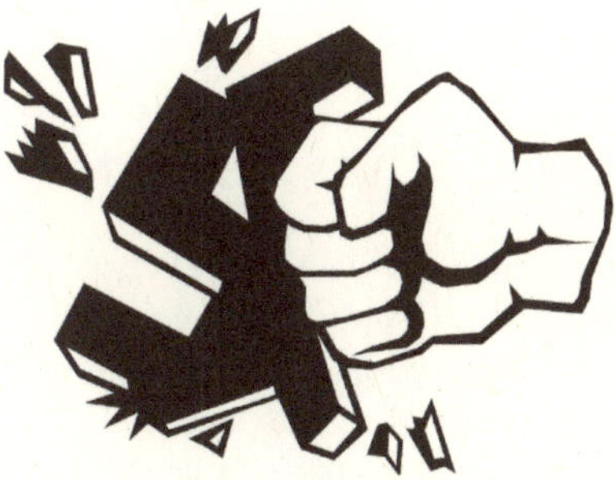

Stadionordnung des FC St. Pauli
(Fassung vom 01. September 2010, Auszug)

§ 6 Verbote

(2) Verboten ist den Besuchern weiterhin:

a) Parolen zu rufen, die nach Art oder Inhalt geeignet sind, Dritte aufgrund ihrer/ihres Hautfarbe, Religion, Geschlechts oder sexuellen Orientierung zu diffamieren.

b) Fahnen, Transparente, Aufnäher oder Kleidungsstücke zu tragen oder mitzuführen, deren Aufschrift geeignet ist, Dritte aufgrund ihrer/ihres Hautfarbe, Religion, Geschlechts oder sexuellen Orientierung zu diffamieren oder deren Aufschrift Symbole verfassungsfeindlicher Organisationen zeigt.

c) Kleidungsstücke zu tragen oder mitzuführen, deren Herstellung, Vertrieb oder Zielgruppe nach allgemein anerkannter Ansicht im rechtsextremen Feld anzusiedeln sind.

087

»Steuerzahler! Steuerzahler!« *Antwort der St. Pauli-Anhänger auf »Arbeitslose! Arbeitslose!«-Sprechchöre der Fans von Hertha BSC Berlin (1990)*

091

1990

089 Das Maskottchen-Massaker

088

Borussia Dortmund hat die Biene »Emma«. Mönchengladbach hat das Fohlen »Jünter«. Und der Karlsruher SC das Wildschwein »Willi Wildpark«. Es kreucht und fleucht an den Spielfeldrändern bundesdeutscher Stadien. Nur nicht am Millerntor – ein Zugeständnis der Vereinsführung an den Wunsch vieler Fans, die Kommerzialisierung des Fußballs nicht zu weit zu treiben.

093

Das heißt jedoch nicht, dass es am Millerntor nie Maskottchen gab. Schon in den 60er Jahren begleitete »Jockeli« die Mannschaft aufs Feld. Der kleine Ziegenbock war nach Trainer Kurt »Jockel« Krause benannt. Aus Marketingsicht kein kluger Schachzug, denn als Krause entlassen wurde *(siehe 038)*, musste auch »Jockeli« gehen.

In den späten 70er Jahren tauchte das putzige Pony »Paulchen« beim FC St. Pauli auf – der damalige Präsident Wolfgang Kreikenbohm hatte es von seinem Ponyhof in Padenstedt mitgebracht *(siehe 059)*. Anfang der 80er Jahre folgte »Paulchen II« – doch beide Reittiere zog es nach kurzer Zeit zurück zu ihren Artgenossen in Schleswig-Holstein.

Das traurigste Schicksal aller Millerntor-Maskottchen aber widerfuhr »Wumbo«. Ein Vergnügungspark schickte das Stofftier am 27. April 1990 beim Heimspiel gegen Kaiserslautern aufs Feld. Die sonst so weltoffenen St. Pauli-Fans machten kurzen Prozess: Das »einzige Exemplar aus der Rasse der Buntbären«, so die Park-PR, wurde in Gesängen als »hässlicher Hamster« verunglimpft und mit einer Biersalve nach der anderen bedacht. Das bedauernswerte Geschöpf trat fluchtartig den Rückzug an. Wenig später stellte der Sponsor sein Engagement ein.

Der fehlende Glücksbringer machte sich bald bemerkbar, und die Saison 1990/91 endete mit dem Abstieg in die 2. Liga *(siehe 094)*. »Wumbo« wollte dennoch niemand zurück.

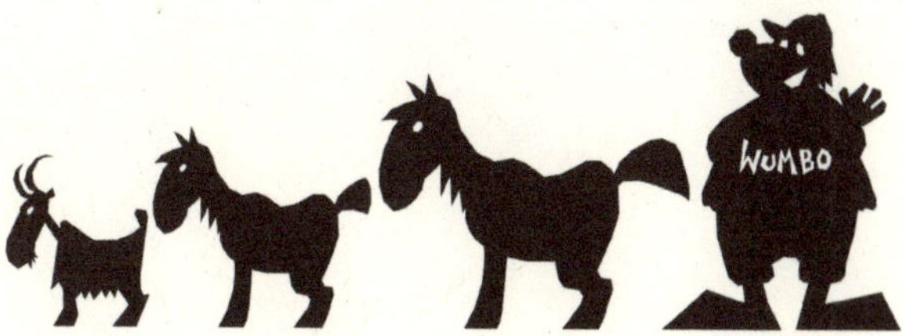

090 Sperrholz statt Elektronen

088

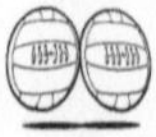

105

088

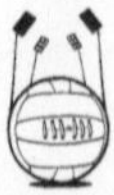

093

»FC St. Pauli« links, »Gäste« rechts, darunter je eine Schiene zum Einhängen der Sperrholztafeln mit dem Spielstand: Mehr Elemente gab es nicht auf der manuell bedienten Anzeigetafel am Millerntor, abgesehen von einer analogen Uhr und wechselnden Sponsoren- und Verbandslogos.

Das war schon am 14. August 1990 unmodern. An diesem Tag war das archaische Konstrukt eingeweiht worden, das der Verein zum Teil aus übriggebliebenem Material von einer Reparatur des Haupttribünendaches hatte basteln lassen. St. Pauli-Legende Walter Frosch, der die Tafel am Premierentag bedienen sollte, bekam nichts zu tun: St. Pauli trotzte Bayern München ein 0:0 ab.

Bald wurde die Anzeigetafel zum wesentlichen Bestandteil des nostalgisch-maroden Millerntor-Charmes, beinahe ebenso ungläubig bestaunt wie die »Kult-Kabinen« von 1961 *(siehe 033)*.

Erst 2008, nach Errichtung der neuen Südtribüne, tauschte der Verein das Unikum gegen eine moderne Videowall aus, gestiftet von einem »Edelfan« aus der Schweiz. Bis heute präsentiert sie alle Ergebnisse im Look ihres populären Vorgängers, der stets zuverlässig funktioniert hatte. Die über 100000 Euro teuren LED-Paneele der »Neuen« dagegen mussten schon bald nach Indienststellung komplett ausgetauscht werden: Sie hatten die Sendefrequenzen des Fernsehens gestört. Zum Glück ein Garantiefall.

Bayern München: 0, FC St. Pauli: 1 091

071 097 085 098 087 094

Am Ende einer verkorksten Bundesliga-Hinrunde 1990/91 entließ die Vereinsführung des FC St. Pauli Helmut Schulte aus seinem Amt. Der Aufstiegstrainer von 1988 verließ das Millerntor als Volksheld, ohne wochenlange Demontage. »So«, schrieb Schulte später, »hätte ich es mir, wenn schon, immer gewünscht.«

Mit ihrem neuen Trainer Horst »Fussel« Wohlers fuhren die St. Paulianer ins Olympiastadion nach München, um sich die erwartete Klatsche abzuholen. Ex-Trainer Schulte reiste privat an und unterstützte die Mannschaft von der Fankurve aus. Er und die restlichen 15 000 Zuschauer der Partie wurden Zeuge eines höchst unsanktpaulianischen Spielverlaufs: Während die Münchner reihenweise Chancen verballerten und an St. Paulis Torwart Ippig verzweifelten, fuhren die St. Paulianer einen einzigen Konter – und

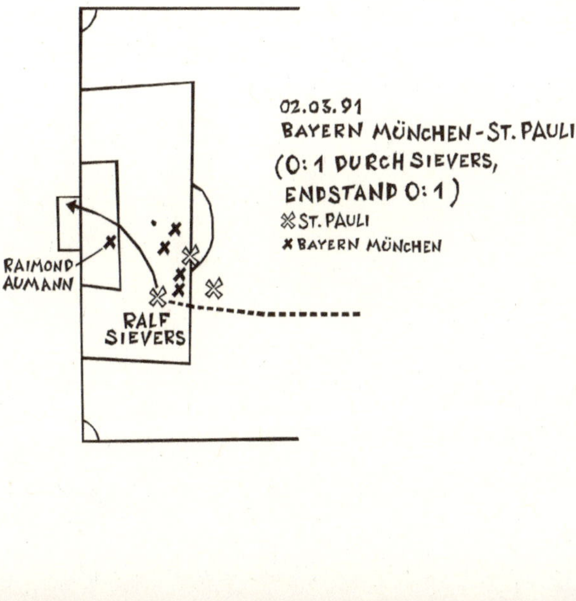

der saß. Ralf »Colt« Sievers erzielte kurz vor der Halbzeit das 0:1.

»Sensation! St. Pauli machte die Bayern zur Lachnummer«, feixte »Bild«, und der Fanladen St. Pauli *(siehe 087)* entwarf eigens ein »Ich war dabei«-T-Shirt. Schlichter Aufdruck: die Anzeigetafel des Olympiastadions mit dem Endergebnis.

Der braun-weiße Jubel war jedoch nur von kurzer Dauer – den Abstieg konnte dieser Sieg nicht verhindern *(siehe 094)*. »Im Nachhinein«, ärgert sich Mittelfeldspieler Klaus Ottens, »hätte ich dort lieber richtig einen auf den Sack gekriegt und die anderen Spiele gewonnen.«

088 *»Hätte der Verein die sprichwörtliche Großmutter,*
die er verkaufen könnte, um dem Abstieg zu entgehen –
er würde es tun.« *Das Fanzine »Millerntor Roar!« über die*
097 *Entlassung von Trainer Helmut Schulte im Februar 1991*

---

092 Qué será, será

076 *Melodie: »Qué será«. Komponiert und getextet von Ray Evans und Jay Livingston, gesungen von Doris Day*

103 *Qué será, será,*
Whatever will be, will be,
The champions of Germany,
FC St. Pauli.

1991

Radio-Paadie am Millerntor

093

089

090 100

Das Heimspiel des FC St. Pauli gegen Hertha BSC am 5. März 1991 barg eigentlich wenig Potenzial für ein historisches Ereignis. Weder das Ergebnis (2:2) noch die Zuschauerzahl (10000) waren sonderlich spektakulär. Doch aus Sicherheitsgründen verlegte der DFB dieses Spiel vom Millerntor ins Volksparkstadion des HSV. Das wiederum nahmen 1500 St. Pauli-Fans zum Anlass, die verhasste Betonschüssel zu boykottieren. Stattdessen zelebrierten sie auf der Gegengerade am Millerntor ihre eigene »Radio-Paadie«: Bei eingeschaltetem Flutlicht und vor leerem Rasen lauschten sie einer exklusiven Telefonreportage und feierten das Unentschieden nach allen Regeln der Sangeskunst.

1991

»It's all over now, Baby Blue ...«

094

062 095

091 095

Am Ende der Saison 1990/91 belegte der FC St. Pauli den drittletzten Platz der Bundesligatabelle und musste in der Relegation gegen die Stuttgarter Kickers, den Dritten der 2. Liga, nachsitzen.

Das Hinspiel am Millerntor endete 1:1, das Rückspiel im Stuttgarter Neckarstadion (eigentlich Heimat des VfB) ebenfalls. Ein drittes Spiel auf neutralem Platz musste die Entscheidung bringen.

Siegessicher pilgerten rund 12000 St. Pauli-Fans am 29. Juni 1991 ins Gelsenkirchener Parkstadion, um den Klassenerhalt zu feiern. Ein Fan, der bei der Anreise einen Verkehrsunfall erlitten hatte, floh sogar mit Kopfverband aus dem Krankenhaus, um dabei zu sein.

Das Spiel wurde ein Desaster. »Wir waren völlig saft-

und kraftlos«, erinnert sich Mittelfeldspieler Klaus Ottens. Zur Halbzeit lag St. Pauli verdient mit 1:3 zurück, und daran sollte sich bis zum Schlusspfiff nichts mehr ändern. Während in der gähnenden Leere des restlichen Stadions versprengte Stuttgarter Schlachtenbummler himmelblaue Pompons schwenkten, versanken in der Nordkurve zehntausend gebrochene braun-weiße Herzen in einem Tränenmeer. Kaum anders sah es auf dem Spielfeld aus: Ein Fan nahm den hemmungslos weinenden Volker Ippig in den Arm und versuchte, ihn zu trösten. Vergeblich. »Nach dem Spiel in der Kabine war es totenstill«, erzählt Klaus Ottens. »Wir haben alle in der Ecke gesessen und geflennt, und keiner wusste, wie es weitergeht.«

Wolfgang Biereichel widmete dem Abstieg im NDR eine später preisgekrönte Dokumentation: »It's all over now, Baby Blue«, benannt nach dem berühmten Dylan-Song, lieferte den melancholischen Abgesang auf drei stürmische Bundesliga-Jahre, die das Gesicht des FC St. Pauli für immer verändert hatten.

1991

095 Geburt eines Fluchs

094 — 098

085 — 097

Aus sportlicher Sicht war die deutsche Wiedervereinigung für den FC St. Pauli nicht unbedingt ein Gewinn: Bereits das erste Spiel gegen einen Verein aus dem Osten geriet zu einem derart denkwürdigen Debakel, dass es als Geburtsstunde des sogenannten »Ostfluchs« gilt – einer unheilvollen Verquickung aus selbsterfüllender Prophezeiung und Schicksal, die es dem FC St. Pauli nach der Überzeugung vieler Fans unmöglich mache, gegen Mannschaften aus den neuen Bundesländern zu gewinnen, besonders auswärts.

Am Sonntag, dem 8. September 1991 jedenfalls war der FC St. Pauli von einem Sieg im engen Stadion des BSV Stahl

Brandenburg weiter entfernt als die frühere DDR von einer Wiedereinführung des Sozialismus. Während die braun-weiße Verteidigung derart konfus über den Rasen irrte, als wolle sie den Zusammenbruch des Ostblocks als Fußball-Ballett inszenieren, imponierten die Brandenburger Fans den völlig verschüchterten St. Paulianern mit Wechselgesängen von monumentaler Wucht: »STAHL!« – »FEUER!« – »STAHL!« – »FEUER!« Zur Halbzeit stand es 2:0 für die Gastgeber, am Ende 4:0. »Es hätte auch 8:0 ausgehen können«, resümierte ein ZDF-Reporter. 094 104

Erst nach zwei vollen Jahren konnte der FC St. Pauli endlich eine Begegnung gegen einen Ostclub siegreich gestalten. Es war seine zehnte, am 8. Mai 1993, ein mühsames 1:0 gegen Carl Zeiss Jena. Bis dahin hatte es Stoff genug für die Legendenbildung gegeben. Das schmachvolle DFB-Pokal-Aus als Erstligist gegen den damaligen Drittligisten Energie Cottbus (1996) und weitere Desaster trugen später das Ihrige dazu bei, dass bis heute vor fast jeder Begegnung mit einer Mannschaft aus den ehemals »neuen Bundesländern« die Angst vor einer Rückkehr des »Ostfluchs« umgeht – auch wenn Cheftrainer Holger Stanislawski ihn in der Aufstiegssaison 2010 nach drei Siegen aus vier Begegnungen gegen Hansa Rostock und Union Berlin feierlich für aufgehoben erklärt hatte. Die Erstligasaison 2010/11 begann prompt mit einer Pokalpleite gegen den viertklassigen Chemnitzer FC …

1992

Bücher für »Boller« 096

Dass Fußballfans auch auf kulturellem Gebiet wirkungsvolles Engagement entfalten können, stellten die Anhänger des FC St. Pauli 1992 unter Beweis. Nachdem Sturm-Neuverpflichtung Andreas Jeschke, wegen seines strammen Schusses auch »Boller« genannt, in einem Interview ge- 080 107 standen hatte, kein einziges Buch zu besitzen (»Ich lese nur die Bild-Zeitung«), startete das Fanmagazin »Millerntor Roar!« die Initiative »Bücher für Boller«. In kurzer Zeit kamen 100 Schmöker zusammen, vom Kinderbuch bis zum Krimi. Anlässlich des 26. Geburtstags des Lesemuffels wurden sie ihm feierlich am Millerntor überreicht – »Billy«-Regal inklusive. »Boller« bewies Humor und spielte mit: »Das war damals eine super Sache. Ich war richtig gerührt«, sagt er heute. In didaktischer Hinsicht war die literarische »Retter«-Aktion ein voller Erfolg: Nach eigenen Angaben hat Jeschke das eine oder andere Buch im Laufe der Zeit tatsächlich gelesen.

1993

097 Leo Manzis große Stunde

091 098

095 101

Eine »unendliche« Saison mit 46 Spielen (statt der üblichen 34) – für manchen Fußballfan eine verlockende Vorstellung. Alle, die den FC St. Pauli 1992/93 durch die längste Saison aller Zeiten begleiteten, werden sich allerdings eher ungern daran erinnern.

In diesem Jahr war die zeitweise in eine Nord- und eine Südhälfte geteilte 2. Liga wieder zur eingleisigen geworden – mit 24 Vereinen (um die Vereine der ehemaligen DDR aufnehmen zu können). An ihrem unteren Ende klaffte ein »Schwarzes Loch« aus sieben direkten Abstiegsplätzen. Bald machte sich seine verhängnisvolle Anziehungskraft auf den FC St. Pauli bemerkbar, und er trudelte dem Tabellenende entgegen.

Dass er nicht hineinstürzte, verdankt er einem der ungewöhnlichsten »Fußballgötter« im braun-weißen Fußballhimmel: dem Brasilianer Leonardo »Leo« Manzi. Ein Mann, dessen gute Laune weit mitreißender war als seine Leistungen auf dem Platz. »Ich weiß: Meine Aufgabe ist es, Tore zu erzielen«, sagte Manzi 1989 bei seinem

»Dienstantritt« am Millerntor. Am Ende waren es 16. In 7 Jahren.

»Doch das Millerntor wäre nicht das Millerntor, wenn fußballerische Qualitäten jemals Einfluss auf den Beliebtheitsgrad eines Spielers gehabt hätten«, so das Fanzine »Übersteiger«: »Leo wurde ständig und wird bis heute geliebt, gefeiert und fast vergöttert. Warum? Was für eine Frage! Weil es Leo ist. Und weil nur Leo so spielt wie Leo.«

Am Ende der Saison 1992/93 jedoch schlug Leo Manzis große Stunde. Der letzte Spieltag. St. Pauli brauchte unbedingt einen Sieg gegen Hannover 96, doch die Braun-Weißen vergaben Großchance um Großchance. Torwart Klaus Thomforde machte seinem Namen als »Tier im Tor« alle Ehre und faustete, fing, tobte.

Dann die 73. Minute: Mittelfeldmann Jürgen Gronau bekommt den Ball rechts neben dem Strafraum in den Lauf, passt präzise in den Fünfmeterraum auf Leo Manzi – und der köpft von links aus fünf Metern Entfernung unhaltbar ein. »Südländischer ist noch kein Treffer am Millerntor gefeiert worden«, so das »Abendblatt«. Denn es blieb dabei: 1:0 für den FC St. Pauli. Der 17. Tabellenplatz war gesichert – in der einzigen Zweitligasaison, in der ein 17. Platz ausreichte, um die Klasse zu halten.

»Der FC St. Pauli öffnete mit Leonardo Manzi dem deutschen Publikum die Augen für die bis dahin unvorstellbare Möglichkeit, dass es Brasilianer gibt, die nicht kicken können – bevor Borussia Dortmund bewies, dass man dafür auch noch Millionen bezahlen kann.«

Christoph Biermann in der »taz« (9. März 2000)

098 »Ein Hoch auf unseren Schiedsrichter«

091
099
095
108
097
102

Es ist der 18. Juni 1995. Noch drei Minuten bis zum Aufstieg in die 1. Bundesliga. Uneinholbar liegt der FC St. Pauli gegen Homburg in Führung. 21 000 Zuschauer am Millerntor fiebern dem Ende der Partie entgegen.

Dann ein Pfiff: Foul im Homburger Strafraum. Schiedsrichter Bodo Brandt-Chollé zeigt auf den Elfmeterpunkt. Eindeutig eigentlich. Nur nicht für die benebelte Wahrnehmung einiger hundert Fans, die am Rand des Spielfelds schon seit Minuten voller Sehnsucht auf das Spielende warten.

In wilder Ekstase stürmen sie den Rasen, küssen die Torpfosten, umarmen ihre Lieblinge und reißen ihnen die Trikots vom Leib. Einige beginnen sogar schon mit dem Ausstechen von Souvenir-Grassoden für Fensterbank oder Balkon.

Auf den Rängen macht sich unterdessen unter nüchtern gebliebenen Zuschauern Beklommenheit breit: Schließlich wird bei einem selbstverschuldeten Spielabbruch das Spiel mit 2:0 für den Gegner gewertet.

Bange Minuten vergehen, während Stadionsprecher Rainer Wulff verzweifelt versucht, die Fans zum Verlassen des Rasens zu bewegen, damit das Spiel wieder angepfiffen werden kann. Schließlich verkündet Vizepräsident Christian Hinzpeter die frohe Botschaft: »Das Spiel wird offiziell beendet und mit 5:0 für uns gewertet.«

Als Bodo Brandt-Chollé vor die Kameras tritt, gibt er eine verblüffende Erklärung. »Ich wollte keinen Elfmeter geben, sondern mit dem Pfiff lediglich das Spiel ordnungsgemäß beenden, was ich damit auch getan habe.« Nach 87 Minuten? Und die eindeutige Handbewegung zum Elfmeterpunkt? »Ich hatte mit den Homburgern, die Angst vor den am Spielfeldrand wartenden Fans hatten, ein Handzeichen in Richtung Kabine vereinbart«, erklärt Brandt-Chollé trocken: »Meine Geste mag für viele missverständlich gewesen sein.«

Erst sechs Jahre später gesteht Brandt-Chollé die ganze Wahrheit: »Ich habe in den letzten Minuten kaum noch gepfiffen, weil so viele schon am Rand standen. Dann gab es dieses Foul, und ich konnte nicht anders, als Strafstoß zu pfeifen. Natürlich wurde das missverstanden, die Leute kamen von allen Seiten. Da hab ich den Arm halt ein wenig gedreht und weg vom Elfmeterpunkt hin zur Kabine gezeigt. Die Uhr habe ich dann in der Kabine zu Ende laufen lassen. Damit war die Sache korrekt.«

Bereits vor dem Spiel stand fest, dass es Brandt-Chollés letzte Begegnung als Schiedsrichter sein würde. Seinen Ausstand feierte er gebührend und zog mit den aufgestiegenen St. Paulianern Polonäse tanzend durch die Umkleidekabinen. Bis heute erinnert er sich gern an diesen »wunderbaren Tag«.

»Die Fans kamen auf mich zu und haben angefangen, mich auszuziehen. Das Trikot haben sie mir runtergerissen, die Handschuhe auch. Es gab einfach kein Halten mehr. Das heißt: Bei den Schuhen haben sie mich höflich gefragt, ob sie die auch haben dürften.« 097 099

Torwart Frank Böse über seinen unfreiwilligen Striptease nach dem Aufstieg 1995

1995

St. Pauli an der Spitze der Bundesliga 099

Kaum eine Tabelle dürfte in der Geschichte des FC St. Pauli häufiger ausgeschnitten worden sein als diese. Für Fans klingt sie bis heute wie ein Gedicht: 098 104

1. FC St. Pauli

2. FC Bayern München

3. Bayer Leverkusen

…

14. Hamburger SV

Es ist die Abschlusstabelle des ersten Spieltags der Bundesliga-Saison 1995/96. Am 12. August hatte der eben erst aufgestiegene FC St. Pauli den TSV 1860 München am Millerntor mit 4:2 besiegt – obwohl er kurz vor der Halbzeitpause noch 0:1 zurücklag. Die erste Bundesliga-Tabellenführung der Vereinsgeschichte für einen ganzen Spieltag war der Lohn – denn nur fünf Teams hatten gesiegt, und die zweitplatzierten Bayern hatten gegen den HSV »nur« ein 3:2 erreicht.

Trotz des historischen Tabellenbildes blieben die St. Paulianer auf dem Boden der Tatsachen: Mannschaftskapitän Pröpper bescheinigte den Braun-Weißen gerade einmal einen »guten Start im Kampf gegen den Abstieg«, und Trainer Maslo sprach von einem »Spiel mit vielen Fragezeichen«. Einige Fans waren da schon weiter und erfanden an einem Bierstand die Parole des Tages: »Noch 33 Spieltage bis zur Champions League.«

098 – 104

»In der 1. Liga die Bälle zu halten, finde ich total geil. Da geht mir voll einer ab!« Keeper Klaus Thomforde nach dem 2:0-Auswärtssieg beim SC Freiburg am 18. August 1995

1997

100 Papa Heinz und die Stadionbauten

089 – 105

Der FC St. Pauli und seine unverwirklichten Stadionpläne: Das war lange Zeit eine Art »running gag«. Immer wieder scheiterte die Realisierung am Geld, an fehlenden Genehmigungen oder an beidem.

Die Motivation für einen Neubau war einfach: Die ewigen Flickschustereien am bröckelnden Millerntor kosteten den FC St. Pauli ein kleines Vermögen, während dem Verein mögliche Einnahmen aus Business-Seats und Logen entgingen.

Besonders der Name Heinz Weisener ist mit dem Dauerthema untrennbar verbunden. Schon lange bevor er 1990 Präsident des FC St. Pauli wurde, hatte der gelernte Architekt sein erstes Stadionmodell vorgestellt. Doch sein erster Entwurf von 1982 wurde ebenso wenig realisiert wie die Multifunktionsarena »Sport-Dome« (1989, *siehe 083)* oder ein Mitte der 90er Jahre diskutierter Ausbau des Millerntor-Stadions auf 30000 oder mehr Plätze, nutzbar auch für Konzerte und andere Veranstaltungen.

Im Februar 1997 schien der große Moment endlich gekommen: »Weiseners Lebenswerk steht«, titelte die »Hamburger Morgenpost«. Bei einem großen Auftritt auf der Jahreshauptversammlung präsentierte der oft »Papa Heinz« genannte Vereinspatriarch seine neuesten Pläne: eine Arena für 35000 Zuschauer mit 19000 Sitzplätzen und der Möglichkeit, zwischen hohen Pilonen ein flexibles Dach zu montieren. Nachdem der zunächst im Winter 1997 avisierte Spatenstich aufgrund von Finanzierungsschwierigkeiten dann doch verschoben werden musste, modifizierte Weisener sein Konzept immer wieder: »Ich bin doch kein Träumer, der das alles umsonst angeschoben hat.« Immerhin: Ab 1999 besaß der Verein eine offizielle Baugenehmigung. Bloß das Geld fehlte. Und so trat Heinz Weisener im Jahr 2000 ab, ohne seinen Herzenswunsch verwirklicht zu haben.

In der Nachfolge entstanden noch kühnere Pläne: Ein »Hammerburg« getauftes Monstrum aus vier Büro- und Hoteltürmen mit dazwischengequetschten Tribünen. Eine knallrote »Astra-Kiste« mit Eckbauten in der Form überdimensionaler Bierflaschen (möglicherweise nicht ganz ernst gemeint). Oder ein »Sport- und Gesundheitspark« mit

Büros des Krankenversicherers und zeitweiligen Hauptsponsors »Securvita«, samt Arztpraxen, Reha-Einrichtungen und Hallenbad.

Entsprechend groß war die Skepsis, als 2006 tatsächlich die alte Südtribüne abgerissen werden sollte, um der heute weithin sichtbaren Neukonstruktion Platz zu machen. Im aufgedruckten Motto der offiziellen T-Shirts zur »Abrissparty« im Dezember 2006 *(siehe 119)* findet sie einen selbstironischen Ausdruck: »Das glaube ich erst, wenn der Bagger rollt!«

2000

101 Der »Vollbier-Streit«

097 110

100 105

Ende der 90er Jahre war für so manchen St. Paulianer das Stadionbier der einzige Trost: Vom Fußball war wenig zu erwarten. Dass am Millerntor alkoholhaltiges Bier ausgeschenkt werden durfte, im Volksparkstadion des Hamburger SV jedoch nicht, löste im Januar 2000 den sogenannten »Vollbier-Streit« aus, der Politik und Presse monatelang in Atem hielt.

»Die Fans des FC St. Pauli neigen nicht zu Gewalttätigkeiten, zu denen sie, durch Alkohol enthemmt, greifen würden«, hatte Innensenator Wrocklage dem HSV im Januar 2000 geschrieben. Dessen Präsident Werner Hackmann wollte sich der Argumentation nicht anschließen und forderte »Gleichbierrechtigung« (»taz«).

Zu Recht, fand der CDU-Abgeordnete Volker Okun bei einer Bürgerschaftsdebatte im April: Am Millerntor sei das Biertrinken mindestens ebenso gefährlich, schließlich sei »das Pauli-Stadion baufällig, und dass bisher noch keiner der auf den Bäumen sitzenden Zuschauer runtergefallen ist, grenzt an ein Wunder.« Es dauerte jedoch noch mehrere Jahre, bis das Verbot für die HSV-Arena fiel und sie wieder zum »Vollkspark« werden durfte.

Rettung in letzter Sekunde 102

098

104

Es war einige Male knapp in der Geschichte des FC St. Pauli. Doch nie war es so knapp wie am 26. Mai 2000. Vor dem letzten Spieltag der Zweitliga-Saison 1999/2000 stand der FC St. Pauli auf Platz 14, nur ein Tor vom Abstiegsrang 15 und den Stuttgarter Kickers entfernt. Vom letzten Heimspiel gegen den Tabellensechsten Rot-Weiß Oberhausen hing alles ab. Die Kiezkicker mussten gewinnen, und das möglichst hoch.

Doch von leidenschaftlichem Aufbäumen war am Millerntor lange nichts zu spüren: »Wir waren alle nervös und fast panisch«, erinnert sich Holger Stanislawski, damals Mannschaftskapitän. In der 23. Minute schoss der Oberhausener Ciuca flach durch die Beine Carsten Wehlmanns – 1:0 für Oberhausen. Totenstille am Millerntor. Zu allem Unglück vermeldeten die Radiobesitzer im Publikum nur acht Minuten später den Führungstreffer für die Stuttgart Kickers beim Karlsruher SC.

Zur Halbzeitpause war der FC St. Pauli abgestiegen. Erst das 1:1 in Karlsruhe brachte neue Hoffnung. Das ganze Stadion wusste: Bliebe es dabei, würde *ein* Tor zur Rettung reichen. Ein einziges Tor. »Wir hatten tausend Ecken und Freistöße«, sagt Holger Stanislawski, »doch Angelo Vier hat alles weggeköpft.« Als Oberhausens Trainer Ristic den hochmotivierten Hünen vom Platz nahm, schien der Weg frei. In der 79. und 80. Minute traf Ivan Klasnic die Querlatte, einmal aus nur fünf Metern.

In der Schlussminute stand es noch immer 0:1. Sogar Torwart Wehlmann kam mit nach vorn. Mittelfeldmann Markus Lotter schlug einen langen Ball in den Oberhausener Strafraum. Im Gewühl versuchte sich Ivan Klasnic an einem Seitfallzieher – ohne Erfolg. Doch er erkämpfte sich den Ball ein zweites Mal, passte ihn von der Grundlinie scharf nach innen zu Marcus Marin, und der drückte ihn über die Linie – das Stadion explodierte. »Als ich zum Mittelkreis zurückrannte, liefen mir die Tränen herunter«, erinnert sich Holger Stanislawski an diesen Moment, »so eine Anspannung hatte ich in mir drin. Da ging es um die Existenz, da ging es um Arbeitsplätze. Deine eigene Zukunft, alles, was um dich herum ist, alles, wofür du gearbeitet und gekämpft hast, alle Leute, die mit dir involviert sind – das alles geht dir während des Spiels durch den Kopf, immer wieder. Das ist Druck.« Als endgültig feststand, dass auch die Kickers nur ein 1:1 in Karlsruhe erreicht hatten, feierten die Fans den Klassenerhalt wie einen Aufstieg.

Später stellte sich heraus, dass das »Endspiel« keines gewesen war: Der FC St. Pauli hätte ohnehin die Klasse gehalten, denn der DFB entzog dem Tabellen-Dreizehnten Tennis Borussia Berlin die Lizenz. Und damit blieben sogar die Stuttgarter Kickers noch in der Liga.

Doch die emotionale Achterbahnfahrt an jenem 26. Mai 2000 wird kein St. Paulianer, der dabei war, jemals vergessen.

---

103 Come on, you boys in brown

092

Gern bei eher stockendem Spielfluss eingesetzt zur Melodie von und anstatt des am Millerntor eher ungeliebten »Wir woll'n euch kämpfen sehn«

105

Come on, you boys in brown,
Come on, you boys in brown,
Come on, come on – come on, you boys in brown!

Ein Plattschädel für ein Halleluja

104

102 107 099 107 095 108

»1954: Das Wunder von Bern. 1966: Das Tor von Wembley. 2001: Der Aufstieg von St. Pauli?« Die selbstironische Werbebande über der Haupttribüne des Millerntorstadions versuchte, das Unglaubliche in Worte zu fassen.

In die Saison 2000/01 war der FC St. Pauli mit dem niedrigsten Etat der Liga gegangen, und die Presse verspottete seine Neuzugänge als »XY unerkannt«. Doch nun, vor dem letzten Spieltag, stand St. Pauli auf Platz drei der Zweitligatabelle, nur *ein* Spiel von der Sensation entfernt: Ein Auswärtssieg am 20. Mai 2001 beim bereits aufgestiegenen 1. FC Nürnberg, und der Aufstieg in die 1. Bundesliga wäre perfekt.

»Es war eine besondere Drucksituation«, erinnert sich Spielmacher Thomas Meggle. »Richtig schlimm wurde es, als wir auf dem Hotelzimmer im Fernsehen mit ansahen, wie Schalke in letzter Minute doch nicht Deutscher Meis-

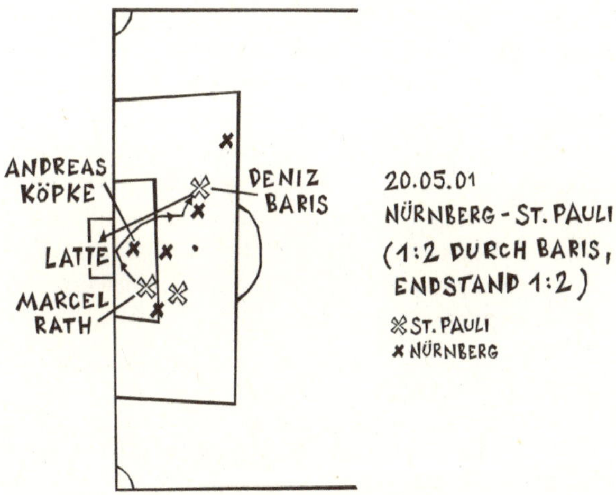

ter wurde. In dem Moment war jedem klar: Es gibt keinen Fußballgott.«

Neun Minuten nach Anpfiff steht es 1:0 für Nürnberg. Würde aus dem großen Traum nichts als ein weiteres »Ganz dicht dran« werden? Doch kurz vor der Pause erzielt Dubravko Kolinger das 1:1.

Zu Beginn der zweiten Halbzeit setzt Trainer Demuth auf »psychologische Kriegsführung«. Statt mit der schwarzen Auswärtstracht schickt er seine Profis in den braunweißen Heimtrikots ins Rennen. Das wirkt: Als Marcel Rath in der 76. Minute aus kurzer Distanz im Strafraum nur die Querlatte trifft, rauscht der eingewechselte Deniz Baris heran, reckt den Oberkörper nach vorne – und drückt den Ball mit der Schädeldecke ins Tor. 2:1, doch 14 bange Minuten bleiben. »Das Beste war, als Köpke dann ausgewechselt wurde und auf dem Platz fünf Ehrenrunden rannte – es war ja sein letztes Spiel«, erzählt Thomas Meggle. »Die Minuten verstrichen, und wir meinten alle nur: ›Bitte, Andi, lauf noch 'ne Ehrenrunde. Bitte, bitte, eine noch …!‹«

Endlich kam der Abpfiff. Der »Absteiger Nummer 1« war Erstligist, und die beiden Aufsteiger und ihre Fans feierten gemeinsam. Auf dem Rückflug nach Hamburg trank die braun-weiße Mannschaft die Bordbar im Flugzeug in Rekordzeit leer. Dann ging es im Eiltempo aufs Heiligengeistfeld, wo mehrere zehntausend das Spiel auf einer großen Videowall verfolgt hatten. Später in der Nacht dirigierte »Didi« Demuth den Verkehr auf einer Straßenkreuzung, und erst irgendwann morgens wurde es ruhiger auf dem Kiez. Mannschaft und Fans träumten von der 1. Liga – und konnten kaum fassen, dass sie immer noch drin waren, als sie wieder erwachten.

099 *»Wir müssen den Gegner durch permanentes Toreschießen zermürben.«* *St. Pauli-Trainer Dietmar Demuth nach dem 6:3-Auswärtssieg gegen Ahlen am 1. Spieltag der Saison 2000/01. Das nächste Spiel am Millerntor gewann St. Pauli mit 5:0 gegen Mannheim*

Megaphone und Mandalas 105

090
107
100
117
101
119
103
106

Die derzeit größte und auffälligste Fangruppierung des FC St. Pauli gründete sich im Sommer 2002: Die Mitglieder von »Ultrà Sankt Pauli« (kurz: USP) haben es sich zum Ziel gesetzt, durch Nonstop-Support mit Fangesängen und Anfeuerung die Stimmung im Stadion zu verbessern.

Die nämlich, obwohl so viel gerühmt, drohte nach Ansicht der USP-Gründer zur »Klischeeblase« zu werden, »nicht wirklich mit Leben gefüllt«, so Ben Tohmfor, lange einer der »Vorsänger«, die per Megaphon vom Stadionzaun aus den USP-Support koordinieren.

Schon vor der USP-Gründung hatte es Initiativen gegeben, die Lautstärke und Kreativität des Millerntor-Sangesguts zu verbessern: Im Frühherbst 1997 etwa riefen engagierte Fans in Zusammenarbeit mit Fanladen und Verein die »Singing Area« am linken Rand der Gegengerade ins Leben – als eine Art »Zentrale der Sangesfreudigen«, die fortan mit geballter Kehlenkraft Impulse für das ganze Stadion setzte.

Auch USP begann zunächst auf der Gegengerade, ehe die Gruppe 2007 in den gerade nutzbar gewordenen Stehplatzbereich der neuen Südtribüne »umzog«. Ein markanter Moment bei jedem Spiel ist das donnernde »Aux armes!«, ein von Olympique Marseille »importierter« Wechselgesang mit dem Rest des Stadions, der Spielern und Fans bei jedem Anpfiff aufs Neue Gänsehaut beschert.

Von Außenstehenden werden »Ultras« bisweilen mit Hooligans gleichgesetzt – ein Missverständnis, so Tohmfor, jedenfalls was USP angeht: »Ultra-Sein« beinhaltet für ihn schlicht einen besonders intensiven Support bei jedem einzelnen Spiel.

Das gilt auch für die aufwendigen Fan-Choreographien,

die die USP-Mitglieder mit Farbrollern, Tapeten und in stunden- und manchmal wochenlanger Arbeit vorbereiten – für wenige Sekunden oder Minuten eines optisch beeindruckenden Auftakts für das Spiel. Henning Heide, ebenfalls langjähriger »Vorsänger«, vergleicht die flüchtigen Kunstwerke mit »einem buddhistischen Mandala: Du streust deinen Sand, und wenn es fertig ist – wird es kaputtgemacht.«

106 Aux armes!

105

115

Südkurve: *Aux armes! (Übers.: »Zu den Waffen« – angelehnt an die Französische Revolution)*
Stadion: *Aux armes!*
Südkurve: *Aux armes!*
Stadion: *Aux armes!*
Südkurve: *Nous sommes St. Pauli! (»Wir sind St. Pauli!«)*
Stadion: *Nous sommes St. Pauli!*
Südkurve: *Et nous allons gagner! (»Und wir werden gewinnen!«)*
Stadion: *Et nous allons gagner!*
Südkurve: *Allez, Braun-Weiß! (»Auf geht's, Braun-Weiß!«)*
Stadion: *Allez, Braun-Weiß!*
Alle (zur Melodie des »Yankee Doodle«): *La-lalalalalalalaa, lalalalalalaaa-la, lalalalalalalalala-lalalala-laaa-la!*

2002

107 Weltpokalsiegerbesieger

Als der Champions-League-Sieger FC Bayern München im November 2001 mit einem 1:0 gegen Boca Juniors aus Argentinien auch noch den Weltpokal gewann, wäre niemand auf die Idee gekommen, dass er soeben den Boden für ein epochales Stück braun-weißer Vereinsgeschichte bereitet hatte.

Drei Monate später, am 6. Februar 2002, nahm der »Kampfstern Bavaria« Kurs auf das Millerntor. Die Erwartungen waren mehr als gedämpft. Zumal St. Pauli gerade erst bei Hansa Rostock verloren hatte.

Dann kam der Anpfiff – und alle Naturgesetze des Fußballs waren außer Kraft gesetzt. St. Paulis Trainer Dietmar Demuth hatte seinen Spielern eine tollkühn anmutende Offensivtaktik verpasst: zwei Verteidiger, sechs Mittelfeldspieler, zwei Stürmer. Damit hatten die Bayern nicht gerechnet. Sie wurden vom Tabellenletzten in der eigenen Hälfte festgenagelt, und als Thomas Meggle und Nico Patschinski das 1:0 und 2:0 schossen, wackelten die Tribünen. Erst kurz vor Schluss gelang Willy Sagnol der bayerische Anschlusstreffer. Zu spät. Die Bayern waren geschlagen.

Doch Geschichte wurde auch nach dem Spiel noch geschrieben: Am Tresen der Fankneipe »Jolly Roger« in der Budapester Straße. »Ich stand mit Heiko Schlesselmann vom Fanladen am Tresen und hab Brandy getrunken«, schildert Merchandising-Produktchef Hendrik Lüttmer die hochprozentige Kreativsession: »Wir haben über das Spiel geredet, und ein Wort gab das andere. Wer jetzt ›Weltpokal‹ gebracht hat und wer ›Weltpokalsieger‹ gesagt hat und wer

088 126 105 109 104 109 104 113

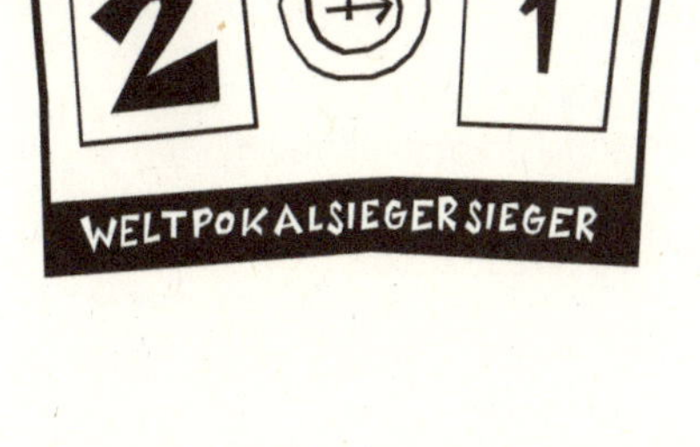

daraus ›Weltpokalsiegerbesieger‹ gemacht hat, weiß ich auch nicht mehr. Aber zum Glück hab ich mich am nächsten Tag noch daran erinnert.« Weit über 80000 bedruckte T-Shirts später ist aus der Schnapsidee längst ein geflügeltes Wort geworden, in einer Reihe mit der »Schmach von Cordobá«, der »Hand Gottes« und dem »Wunder von Bern«.

Wie gut also, dass Samy Kuffour im November 2001 gegen Boca traf: »Championsleaguesiegerbesieger« klingt höchstens halb so schön.

104 *»Die Paulianer sind gerannt, ich glaube, da liegen heute noch welche unterm Sauerstoffzelt. Und bei uns werden 30 Minuten nach Spielschluss schon wieder Sprüche*
111 *geklopft und Karten gespielt. Die Spieler essen Scampis, und ich habe eine schlaflose Nacht.«*

Am Tag nach dem »Weltpokalsiegerbesieger«-Spiel zieht Uli Hoeneß erbarmungslos Bilanz

096 Siegerbesieger: Kleine Galerie der Underdogs

Weltpokalsiegerbesiegerbesieger
Im Juli 2009 verleiht die Redaktion der Regionalzeitung »Südkurier« auf eigens gedruckten T-Shirts ihrer Hoffnung auf einen Sieg des FC 08 Villingen gegen den FC St. Pauli in der ersten Runde des DFB-Pokals Ausdruck. St. Pauli gewinnt trotzdem 2:0 – aber erst nach Verlängerung.

Wimbledonsiegerbesieger
Timo aus Detmold schlägt bei einer Fernsehsendung Boris Becker – allerdings nicht im Tennis, sondern im Sägen. Die Pro7-Presseabteilung fühlt sich am 21. März 2009 dennoch an den Triumph aller Underdog-Triumphe erinnert.

Olympiasiegerbesieger
Triathlon-Olympiasieger Jan Frodeno fordert 2010 die Radiohörer des saarländischen Senders »103.7 UnserDing« zum Duell im Staffeltriathlon.

Europameisterschaftssiegerbesieger
Die Schweiz freut sich über den Sieg gegen den amtierenden EM-Champion Spanien bei der Fußball-WM 2010. Nach dem Finale drucken Fans sogar »Weltmeisterschaftssiegerbesieger«-Shirts.

Umfragesiegerbesieger
Anhänger des hessischen SPD-Spitzenkandidaten Thorsten Schäfer-Gümbel hoffen 2009 trotz anderslautender Trends auf ein Überholmanöver gegen Roland Koch.

Hallenkreismeisterschaftssiegerbesieger
Fans des Fußball-Kreisligisten Rot-Weiß Schönow II (Kreis Ostuckermark/Brandenburg) freuen sich im Januar 2007 über ihren Erfolg gegen Grün-Weiß Ahrensfelde.

2002

»St. Pauli? Ich möchte nicht darüber reden.« 108

098 109 104 112

Im Februar 2002 war der FC St. Pauli noch »Weltpokalsiegerbesieger« *(siehe 107)*. Ein halbes Jahr später hatte die braun-weiße Fußballwelt sich drastisch verändert. Nach dem Abstieg und zwei Niederlagen in den ersten beiden Zweitligaspielen hatte das Präsidium um Reenald Koch Trainer Dietmar Demuth gefeuert. Als Nachfolger sollte sein bisheriger »Co« Joachim Philipkowski den Durchmarsch in die Regionalliga verhindern.

Sein erstes Spiel als Chefcoach führte ihn nach Lübeck. Vor der Abfahrt verkaufte der Fanclub »Die feuchten Biber« eigens erstellte T-Shirts, die die veränderte Gefühlslage auf den Punkt brachten: »St. Pauli? Ich möchte nicht darüber reden« stand darauf. Einziges Problem der Initiatoren: »Bei einem Sieg hätten wir die sofort einstampfen können.«

Die Sorge war unberechtigt. St. Pauli unterlag 0:6 – bei einem Gegner, der gerade erst aus der Regionalliga aufgestiegen war. »So schlecht war St. Pauli noch nie«, fand die

»Morgenpost«, und Mannschaftskapitän Stanislawski gab öffentlich zu, dass er sein Team am liebsten vom Spielbetrieb abmelden würde.

Philipkowskis nächstes Spiel war ein unfassbares 7:1 am Millerntor gegen Eintracht Braunschweig. Der Heimsieg brachte die alte manuelle Anzeigetafel *(siehe 090)* an die Grenzen ihrer Möglichkeiten (eine »8« gab es nicht) – und entpuppte sich als Strohfeuer. Der FC St. Pauli taumelte Richtung 3. Liga und stieg am Ende der Saison ab. Gut, dass die »feuchten Biber« längst nachproduziert hatten.

2003

109 »Retter« in Aktion

086 111 107 112 108 107 113

Dass der langjährige Bayern-Manager Uli Hoeneß einmal eine heftig beklatschte Ehrenrunde vor ausverkauftem Millerntor drehen würde, hätte er sich einst selbst nicht vorstellen können (*siehe 086*). Doch am 12. Juli 2003 war es so weit: Mit »Uli-Uli«-Sprechchören im Ohr und einem strahlenden Corny Littmann an seiner Seite präsentierte sich Hoeneß in einem ausgesprochen figurbetont sitzenden Stück braunem Stoff: dem »Retter«-Shirt.

Das Benefizspiel gegen die Bayern war einer der Höhepunkte einer einzigartigen Kampagne, bei der unzählige Fans, Sympathisanten und Mitglieder des FC St. Pauli halfen, ihren Verein zu retten. Der nämlich stand vor dem finanziellen Ruin: Anfang Mai 2003, gerade einmal ein Jahr nach dem Abstieg aus der ersten Liga und kurz vor dem Abstieg in die dritte, hatte der FC St. Pauli eine Liquiditätsunterdeckung von zwei Millionen Euro bekannt gegeben. Damit stand er vor dem Zwangsabstieg in die Oberliga. Denn nur bei Nachweis einer Finanzreserve in Höhe dieser zwei Millionen Euro wollte der DFB die Regionalliga-Lizenz erteilen.

Flugs initiierte der Verein unter dem Motto »Wir glauben an den FC St. Pauli« ein ganzes Bündel von Hilfsmaßnahmen, vom Treuhandkonto bis zum Benefizkonzert. Und da auch die Fans mithalfen, »entwickelte die Retter-Kampagne bald eine ungeheure Eigendynamik«, so Littmann. Vom »Saufen für St. Pauli« in diversen Kiezkneipen bis hin zur gebührenpflichtigen Telefonsex-Hotline als »schmutzige Nummer für die saubere Rettung«.

Den größten Erfolg aber hatte das »Weltpokalsiegerbesieger«-Shirt zum Sieg gegen die Bayern im Februar 2002 *(siehe 107)* – mit dem Zusatz »RETTER«. In nur drei Monaten wurden 100 000 T-Shirts verkauft. Als der Verein in ganz Europa keine braunen T-Shirts zum Bedrucken mehr auftreiben konnte, sattelte er kurzerhand auf schwarze um. Die Rettung gelang, der FC St. Pauli durfte in der 3. Liga antreten.

Verteidiger Fabio Morena, der 2003 zum FC St. Pauli gestoßen war, war beeindruckt: »Das waren ja unglaubliche Vorgänge«, so Morena, »dass letztendlich der ganze Stadtteil mitgeholfen hat und dass es Unterstützer gab vom Kneipenwirt bis Uli Hoeneß. Das hat mir in den ersten Wochen auch gezeigt: O. k., das ist was Spezielles hier. Ein anderer Verein hätte sich damals nicht gerettet, glaube ich. Und da war mir schon klar, dass es 'ne unglaubliche Basis ist, um letztendlich etwas Großes aufzubauen.«

2004

St. Pauli wird »verhoyzert« 110

070

St. Pauli und die Schiedsrichter – das war schon immer eine zwiespältige Geschichte. Auch das Finale der Regionalliga-Saison 2003/04 verdankte seinen eigenwilligen Charakter dem Mann mit der Pfeife: Weil der Schiedsrichter zwei reguläre Tore nicht anerkannte, unterlagen die Kiezkicker 2:3 in Braunschweig. »Es hätte ein Superabschluss sein können«, trauert der damalige Trainer Andreas Bergmann der

101 »geilen Kulisse« mit vielen mitgereisten Fans nach – wäre da nicht »Skandal-Schiri« Robert Hoyzer gewesen, der für die Manipulation des Spiels 8000 Euro und einen Plasma-
116 fernseher bekam.

Vorm Berliner Landgericht bezeichnete er die Partie später als »schwieriges Spiel«, bei dem »viel Unruhe auf dem Platz« geherrscht habe. Beim ersten aberkannten Tor habe er erst gepfiffen und dann auf indirekten Freistoß entschieden, mit »völlig ausgedachter« Begründung. Beim zweiten habe er behauptet, der Ball sei im Toraus gewesen. Abends im Berliner »Café King« habe er sich mit seinen Komplizen von der »Wett-Mafia« über den gelungenen Coup »kaputtgelacht«.

2005

111 Lebenslang Braun-Weiß

109 »Lebenslang Braun-Weiß«: Vor der Saison 2005/06 verliehen eine Reihe von St. Paulianern dieser Einstellung per »Abstimmung mit der Brieftasche« Ausdruck. Für 1910
117 Euro (Stehplatz) bzw. 3910 Euro (Sitzplatz) erwarben sie nicht etwa Business Seats mit VIP-Paketen, sondern »Lebensdauerkarten«, gültig bis zum Tode.

»Wir verkaufen hier und heute gut 1 % unserer Platzkapazität im Stadion«, erklärte Holger Stanislawski in einem Brief an die Fans: »Das hilft uns im Moment enorm und schadet dem FC St. Pauli für die Zukunft nicht.«

Die Aktion wurde ein voller Erfolg. Statt der ursprünglich geplanten 250 Tickets gingen rund 450 über den Tisch. Die weitest entfernte Bestellung ging aus dem arabischen Wüstenstaat Dubai ein. Ganz neu war die Idee übrigens nicht: Schon 1970 hatten die Verantwortlichen eine Reihe von »lebenslangen Mitgliedschaften« verkauft, um die Kassen zu füllen. Die allerdings beinhalteten zwar das Stimmrecht auf Vereinsversammlungen, aber keinen Zugang zu den Spielen. Die glücklichen Besitzer der lebenslangen Dauerkarten unterdessen bezeichnen sich nach den sportlichen Erfolgen der letzten Jahre selbstironisch als »Krisengewinnler«.

»Meine Lebensdauerkarte hat übrigens die Nummer zwölf. Ich weiß nicht, ob das Schicksal ist oder Fügung oder was auch immer. Ich bin sozusagen der zwölfte Mann.«

Ali Sabetian, St. Pauli-Fan aus Dubai, freut sich über sein ganz besonderes Ticket

107 – 114

2005

Viva la Revolución! Viva con Agua! 112

108 – 124
109 – 114

»Das ungewöhnlichste Regionalliga-Trainingslager aller Zeiten«: Diesen Titel wird dem FC St. Pauli auf absehbare Zeit niemand streitig machen. Denn statt nach Schneverdingen oder Amrum reisten die Kiezkicker im Januar 2005 nach Kuba, als erstes westeuropäisches Fußballteam. Passend zur damaligen »Revolutionskampagne« »Viva St. Pauli – Kampf der Drittklassigkeit!«.

Das Medieninteresse war gewaltig, und die stolzen Gastgeber bescheinigten den St. Paulianern wieder und wieder, als »würdige Vertreter des deutschen Fußballs« mindestens »auf Weltniveau« zu spielen. Das Trainingslager wurde ein voller Erfolg für die Völkerverständigung, auch wenn St. Pauli von vier Testspielen nur das erste gewann (3:2 gegen die kubanische Nationalmannschaft).

Robert Palikuca, als Verteidiger dabei, denkt gern zurück an den ungewöhnlichen Trip: »Uns wurde gesagt: ›Ihr seid hier auch auf einer diplomatischen Mission – wenn ihr abends mal weggehen und ein Bierchen trinken wollt, macht das. Ich habe noch nie ein Trainingslager erlebt, wo es mehr oder weniger Vorgabe war, jeden Abend auszugehen!«

Ein bleibendes Ergebnis des Trainingslagers wächst

und gedeiht bis heute: Angesichts der weitverbreiteten Not auf der Karibikinsel gründete der damalige Mittelfeldspieler Benny Adrion die Trinkwasserinitiative »Viva con Agua de Sankt Pauli« – lebe mit Wasser aus Sankt Pauli.

Heute unterstützt »Viva con Agua« WASH-Projekte (WAter, Sanitation, Hygiene) in Uganda, Äthiopien, Mosambik, Nepal, Indien und vielen weiteren Ländern. 2009 wurde Benny Adrion für sein Engagement mit dem Bundesverdienstkreuz ausgezeichnet.

2005

113 »Bokal«-Wunder, Teil 1: Unverhofft kommt gut!

107 Es gibt Fußballspiele, deren Vorgeschichte fast ebenso wichtig ist wie die Partie selbst. Die Begegnung zwischen dem FC St. Pauli und dem VfL Bochum am 25. Oktober 2005 gehört dazu. DFB-Pokal, zweite Runde. In der ersten hatte
114 St. Pauli den Zweitligisten Wacker Burghausen geschlagen;
109 3:2 nach Verlängerung, ein echter Pokalkrimi.

Doch vielen Fans saß etwas anderes in den Knochen: In der Regionalliga waren die Kiezkicker zehn Tage zuvor bei Holstein Kiel mit 1:4 untergegangen, konfus, fahrig und
114 chancenlos. Nun wartete der ungeschlagene Tabellenführer der 2. Liga: der beste Sturm, die beste Abwehr, seit 520 Minuten ohne Gegentor. Kein Wunder, dass das Millerntor nicht ausverkauft war. 13200 Zuschauer erwarteten das Pokal-Aus.

Stattdessen sahen sie Traumfußball. Von der ersten Minute an zelebrierten die »boys in brown« Spielzüge wie seit Jahren nicht mehr. Kein Pass, der nicht ankam, kein Gegner, der nicht sofort den Ball wieder verlor – keine Spur von Regionalliga-Tristesse. »An dem Tag hast du schon nach sechs, sieben Minuten gemerkt, dass einfach alles ging«, meint der spätere Cheftrainer Timo Schultz. »Wir sind nur vorne drauf mit Schaum vorm Mund.«

Das 1:0 durch Michél Mazingu-Dinzey war schon in der neunten Minute hochverdient, längst überfällig das 2:0 in der 39.: Kopfball Felix Luz. Auch nach der Pause spielte St. Pauli mit der Überlegenheit eines Championsligisten gegen eine Thekenmannschaft – jedoch mit dem Elan und dem Tempo eines Teams, für das es um alles ging. In der 56. Minute drosch Florian Lechner den Ball nach herrlicher Ballstafette aus 30 Metern in den linken Winkel, in der 77. schickte er Shubitidze per Steilpass allein vors Bochumer Tor: 4:0. »Nochmal zur Verdeutlichung«, erinnerte der Kommentator der Fernsehzusammenfassung: »Die Blauen sind der Zweitligist.« Noch wusste niemand, dass mit diesem zweiten Erfolg gegen eine Mannschaft mit »B« am Anfang ihres Städtenamens eine Siegesserie ihren Lauf nahm, die als »Bokal«-Wunder in die braun-weiße Vereinsgeschichte eingehen sollte.

»Oooh, wie ist das schön!«, sang das beseelte Publikum: »So was hat man lange nicht gesehn!« Dieses Spiel ist ein gutes Beispiel für einen ganz bestimmten Teil des Millerntor-Gefühls: dass das Unerwartete den Erfolg besonders köstlich macht; dass Verblüffung wie ein Geschmacksverstärker wirken kann, ähnlich wie das oft gescholtene Glutamat, das Bluthochdruck und Herzklopfen verursachen kann – wie ein Heimspiel am Millerntor. Und noch etwas hat es mit unverhofften Siegen wie jenem gegen Bochum gemeinsam: Es steigert den Appetit.

2005

»Bokal«-Wunder, Teil 2: Es geht auch Hertha! 114

112

116

Es war einer jener magischen Millerntor-Momente, in denen Verzweiflung sich schlagartig in Euphorie verwandelt. Und er begann mit einem Krampf.

Das Achtelfinale des DFB-Pokals: der FC St. Pauli gegen Hertha BSC Berlin. Dritte Liga gegen die erste. Mit unbän-

113
116
113
116

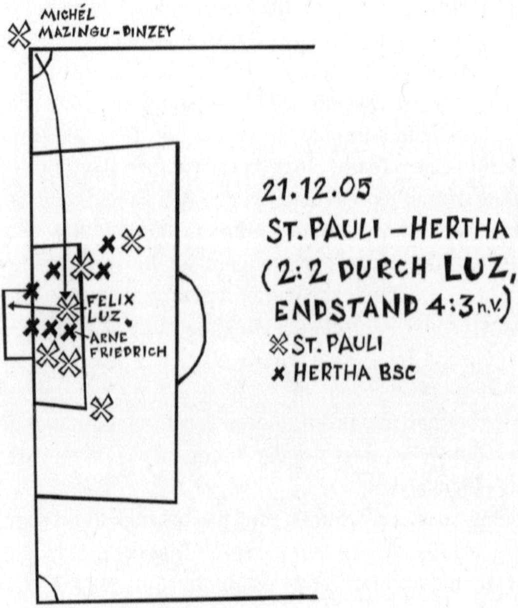

Das 2:2 durch Felix Luz sicherte den Einzug in die Verlängerung – und wurde 2005 zum »Tor des Monats Dezember« gewählt

digem Willen und Toren von Michél Mazingu-Dinzey und Felix Luz hatten die »boys in brown« sich in die Verlängerung gekämpft, obwohl sie nach 40 Minuten schon 0:2 zurückgelegen hatten.

Doch nun, in der 104. Minute, liegt St. Pauli-Verteidiger Florian Lechner nahe der Mittellinie am Boden, völlig erschöpft, ein Bild der Qual. Der Boden ist aufgeweicht und tief. Schon seit langem hat jeder Schritt wehgetan. Und dann, vor drei Minuten, hat Hertha-Star Marcelinho alle Hoffnung zerstört – mit einem Freistoß aus 30 Metern, schnurgerade und erbarmungslos. 2:3. Das Aus. Oder?

Lechner steht auf. Mit gestreckten Beinen stakst er einige Schritte nach vorn, versucht, seine Krämpfe wegzudrücken. Und sieht, wie Mannschaftskapitän Morena den Ball hoch auf Felix Luz an der Strafraumgrenze schlägt. Der Ball springt auf. Mit Mühe bringt Luz ihn unter Kontrolle, das Tor im Rücken, drei Herthaner neben ihm.

»In dem Moment hab ich nur gedacht: ›Fisch oder Fleisch. Entweder es geht, oder es geht nicht‹«, sagt Lechner. Er rennt los, schreit: »FELIX!«, Luz passt zurück – und Lechner schießt, mit dem Mut der Verzweiflung und der Sehnsucht eines ganzen Stadions. Der Ball zischt flach durch den Strafraum, wird zweimal abgefälscht – und passt genau links unten ins Tor. 3:3. »Als ich beim Jubeln die Fäuste ballte, hatte ich sogar in den Fingern Krämpfe«, erzählt Lechner.

Das Spiel ist gekippt. Entnervte Herthaner stänkern einander an. Die Frustfouls häufen sich. In der 109. Minute geht St. Paulis Robert Palikuca nahe der Eckfahne zu Boden. Sein Teamkamerad Ive Sulentic tritt den Freistoß. »Junge, geh an den zweiten Pfosten, ich servier dir das Ding genau auf den Schädel«, raunt er dem Gefoulten zu. Dann schießt er. »Ich sah den Ball auf mich zufliegen und hatte ihn noch nicht berührt«, so Palikuca, »da hatte ich schon ein Grinsen im Gesicht. Ich wusste, der geht rein.«

4:3 für St. Pauli: der Sieg. In einem Spiel, das das Fußballmagazin »11 Freunde« später in seine Liste der »100 größten Spiele aller Zeiten« aufnehmen sollte. Verdientermaßen. Denn geschenkt gab es an diesem Tag nichts. Noch nicht einmal ein Trikot des Gegners, schmunzelt Fabian Boll: »Zum Tauschen war keine Zeit. Die Herthaner waren alle sofort in der Kabine verschwunden. Nie wieder gesehen seitdem. Aber wenn du solche Gegenspieler hast wie Marcelinho und Bastürk und wenn die dich hinterher nur noch mit dem Arsch angucken – dann musst du verdammt viel richtig gemacht haben.«

111 / 116

»Zweimal tot. Zweimal wiederauferstanden. St. Pauli ist besser als Jesus!«

Ein Fan am Bierstand nach dem 4:3 n.V. im DFB-Pokal gegen Hertha BSC Berlin

115 Pokalfinale

106 / 118

Zur Melodie von »Mendocino«. Der Gesang entstand spontan in der Gegengerade und wurde von den St. Pauli-Spielern Benny Adrion und Marcel Eger auf CD eingesungen. Ur-st. paulianisch scheiterte der Titel knapp vor dem Einstieg in die Top 100 der Charts: Er erreichte Platz 101.

Pokalfinale, Pokalfinale,
wir fahren jedes Jahr zum Pokalfinaaale!
An jeder Tür
klopfen wir an
und fragen:
Kommst du mit zum Pokalfinaaale?

2006

116 »Bokal«-Wunder, Teil 3: Wintergärtner auf St. Pauli

114 / 117

114 / 120

Mittwoch, der 25. Januar 2006, 12 Uhr: Merkwürdige Szenen am Millerntor. Ein bunter Haufen aus 20 Frauen und Männern wuselt über den Platz, bewehrt mit Schaufeln, Harken und anderem Gartengerät. Emsig, aber wenig effektiv, bearbeiten sie den Boden. Dazwischen schreitet eine Prozession ernst dreinschauender Herren. Zwei von ihnen sind hochrot im Gesicht und schimpfen auf die anderen ein.

Es war kalt vor dem DFB-Pokal-Viertelfinale zwischen dem FC St. Pauli und Werder Bremen. Eine Rasenheizung gab es noch nicht, und soeben hatte die Bremer Delegation um Manager Klaus Allofs und Trainer Thomas Schaaf per Intervention beim DFB eine spontane zweite Platzbegehung erzwungen. Ihr Urteil stand schon am Vorabend fest: Fußballspielen vollkommen unmöglich.

114

124

110

»Ich hatte glücklicherweise einen Tipp bekommen«, erzählt Christian Bönig, seinerzeit Pressesprecher und Teammanager. »Daraufhin hab ich alle raus auf den Platz geholt: Vermarktung, Geschäftsstelle, Kartencenter, Platzwarte.« Dass deren Bemühungen eher »alibimäßig« ausfielen, gibt er zu – doch für Schiedsrichter Dr. Felix Brych waren sie Beweis genug für engagierte Rasenpflege.

»Fußball ist ein Freiluftsport«, beschied er den wild lamentierenden Werderanern und entschied, das Spiel abends anzupfeifen. Kaum hatte er das Stadion verlassen, begann es zu schneien – und hörte auch nach dem Anstoß nicht auf.

Der Rest ist Geschichte: Vor ausverkauftem Millerntor und Millionen Fernsehzuschauern blamierten die Bremer sich unsterblich. Rollkragenpullover gegen Kurzärmeltrikots, Nockensohlen gegen Stollen – Zittern und Zagen gegen bedingungslosen Einsatz.

Nach zehn Minuten stand es 1:0 durch Michél Mazingu-Dinzey. Johan Micoud glich in der 27. aus. Doch St. Pauli hatte das Spiel im Griff. In der 59. Minute schoss Fabian Boll per Seitfallzieher das 2:1, und in der 65. machte Timo Schultz »den Sack zu«. Dass Bremen noch einen Elfmeter vergab, schien kaum der Rede wert. Das Ergebnis stand fest. Auf seinem Heimweg malte Verteidiger Marcel Eger es immer wieder in den Schnee, der die Autos im Viertel ebenso bedeckte wie den Rasen am Millerntor: »3:1«.

Übrigens: So humorlos die Bremer sich an diesem Abend präsentiert hatten, so entspannt plakatierten sie vor der Revanche im September 2009. Es war die zweite Runde des DFB-Pokals, und obwohl das Spiel im Weserstadion angesetzt war, zeigten die Spielankündigungen ein Foto vom verschneiten Millerntor. Der Slogan: »Zum Glück ist Sommer«. Bremen siegte 2:1.

»Wenn sich einer unserer deutschen Nationalspieler verletzt und wir deshalb nicht Weltmeister werden, sind Sie
114 *schuld!«* Die Bremer Verantwortlichen erinnern Schiedsrichter Dr. Brych vor dem Spiel an seine nationale Verantwortung

121 *»Burghausen, Bochum, Berlin, Bremen, Bielefeld, Bayern, Bokal – und dann Parcelona«* Fantransparent vor dem Viertelfinale gegen Werder Bremen, das den »Bokal«-Traum vieler Anhänger und Spieler ausdrückte: Endspiel gegen den Meister Bayern – und dann UEFA-Cup …

2006

117 »Bokal«-Wunder, Teil 4: 0:3 gewonnen

116 Selten war die Atmosphäre am Millerntor so intensiv wie vor dem DFB-Pokal-Halbfinale gegen Bayern München am 12. April 2006. »Schon beim Aufwärmen klingelten einem 124 die Ohren«, meint Fabian Boll: »Es war eine unglaubliche, einmalige Lautstärke.«

105 »06. 02. 2002 – Let's do it again«, erinnerte ein Fanplakat an das berühmte Weltpokalsiegerbesieger-Spiel *(siehe 107)*. Und es wurde der erhoffte große Pokalfight, ein leiden- 121 schaftliches Kräftemessen zwischen David und Goliath, das nur einen Nachteil hatte: Es kam eine Runde zu früh.

111 »Vor jeder Auslosung hast du gedacht: ›Bitte Bayern, schön zu Hause am Millerntor, volle Hütte, Livespiel im Fernsehen‹«, erinnert sich Timo Schultz: »Und dann sitzt du 119 vorm Halbfinale im ›Aktuellen Sportstudio‹ und sagst: ›Nicht Bayern, nicht Bayern!‹ Denn da waren ja noch Bielefeld und Frankfurt im Pott, und wir haben echt gedacht: Die putzen wir auch noch von der Platte.«

Trotzdem ließen die St. Paulianer sich nicht einschüchtern von Namen wie Ballack und Schweinsteiger, Lahm und Roy Makaay. Unermüdlich starteten sie einen Angriff nach dem anderen, erarbeiteten sich Chance um Chance. Kein Pass und kein gewonnener Zweikampf, die nicht frenetisch bejubelt wurden am brodelnden Millerntor.

Die St. Paulianer hatten das Herz – die Bayern Cleverness, Konter und Oliver Kahn. 0:1 Hargreaves (15.), 0:2 Pizarro (84.), 0:3 Pizarro (89.): Die Fakten erzählen nur einen Teil der Geschichte. Den anderen, wesentlichen, kennen alle, die dieses Spiel miterlebt haben: dass es eben nicht nur auf das Ergebnis ankommt. Ganz besonders beim FC St. Pauli. Noch lange blieben sie im Stadion, ergriffen und erfüllt: »You'll never walk alone.«

Zwei Wochen später holte Bayern im Olympiastadion den Pokal. Der Gegner hieß Eintracht Frankfurt. »Ich konnte mir das Finale nicht angucken«, gibt Verteidiger Florian Lechner zu. »Weil ich ganz ehrlich dachte: ›Eigentlich müssten wir da stehen.‹ Stell dir vor: Du läufst in Berlin ein, und da sind 30- oder 40000 St. Paulianer! Egal, was für eine Mannschaft gegen uns gespielt hätte – die hätten überhaupt keine Chance gehabt.« Die Vereinsverantwortlichen jubelten trotzdem: Das »Bokal«-Wunder hatte den FC St. Pauli mit einem Schlag finanziell saniert.

You'll Never Walk Alone 118

115

Ein Klassiker der Fangesänge, den die Fans des FC St. Pauli einst als Erste in Deutschland vom FC Liverpool übernahmen. Ursprünglich komponiert von Richard Rodgers und getextet von Oscar Hammerstein II für das Broadway-Musical »Carousel«, das 1945 seine Premiere feierte. Die Rockversion der Rubbermaids war die Stadionhymne des FC St. Pauli, ehe »Das Herz von St. Pauli« (siehe 003) sie ersetzte.

125

When you walk
Through a storm
Hold your head up high

And don't be afraid of the dark
At the end of a storm
There's a golden sky
And the sweet silver song
Of the lark

Walk on, through the wind
Walk on, through the rain
Though your dreams be tossed
And blown

(Refrain:)
Walk on, walk on
With hope in your heart
And you'll never walk alone
You'll never walk alone

2006

119 Als die Bagger endlich rollten

101 121

117 121

»Neues Stadion: Es geht wirklich los!«, meldete die »Hamburger Morgenpost« am 14. Juli 2006. Viele Fans nahmen es mit einer gewissen Skepsis zur Kenntnis. Zu oft hatte es in den vergangenen zwei Jahrzehnten Schlagzeilen wie diese gegeben *(siehe 100)*.

Diesmal aber folgten der Ankündigung Tatsachen: Am Freitag, dem 8. Dezember 2006, erlebte die alte Südkurve des Millerntor-Stadions ihr letztes Heimspiel – ein eher unglückliches 1:1 gegen den Wuppertaler SV Borussia. Elf Tage später rollten die Bagger, im Rahmen einer großen Abrissparty bei Bier, Musik und Feuerwerk. Zu den Klängen von AC/DCs »Hell's Bells« bissen die Zähne der Baggerschaufeln große Löcher in die historischen Mauern.

Da der ersehnte Neubau dann doch ein paar Monate auf sich warten ließ, weil einige Finanzierungsdetails noch nicht geklärt waren, mussten Fans und Fußballer zunächst vor dem »Littmann-Loch« spielen, wie die Presse die klaffende Lücke im Stadionrund getauft hatte.

Im Juni 2007 begannen schließlich die Bauarbeiten. Trotz einiger Verzögerungen – unter anderem wegen eines Einsatzes des Kampfmittelräumdienstes, nachdem chemische Kampfstoffe aus dem Zweiten Weltkrieg gefunden worden waren: Am 11. November 2007 wurde der Tribünenrohbau erstmals von Fans genutzt – und am 18. Juli 2008 feierte der FC St. Pauli die offizielle Einweihung seiner neuen Südtribüne mit einem 7:0 gegen die kubanische Fußballnationalmannschaft.

Dass dieses Bauwerk so wichtig ist, liegt nicht nur an den Zusatzeinnahmen durch Business-Seats und Logen: Angesichts immer anspruchsvollerer Auflagen der Deutschen Fußball Liga hätte der FC St. Pauli auf Dauer nicht einmal mehr in der 2. Liga am Millerntor spielen dürfen – geschweige denn in der ersten. Auch Werder Bremen dürfte sich freuen: Neben der Geschäftsstelle des FC St. Pauli, dem Clubheim, einem geräumigen Kabinentrakt und vielem mehr beherbergt die Südtribüne auch die Technik für eine Rasenheizung (*siehe 116*).

2007

Back from hell 120

116

122

25. Mai 2007. Es steht 2:2 zwischen dem FC St. Pauli und Dynamo Dresden. Noch wenige Sekunden sind zu spielen. Mutterseelenallein läuft Michél Mazingu-Dinzey auf Dresdens Torhüter zu. Das Millerntor hält den Atem an. Mazingu schießt flach und platziert ... »Plock!« Pfosten. Sekunden später ertönt der Abpfiff. Der FC St. Pauli ist in die 2. Bundesliga aufgestiegen.

Noch zur Winterpause hatte es danach nicht ausgesehen. Da waren die St. Paulianer Tabellenzwölfter, mit sechs Punkten Rückstand auf einen Aufstiegsplatz. Trainer An-

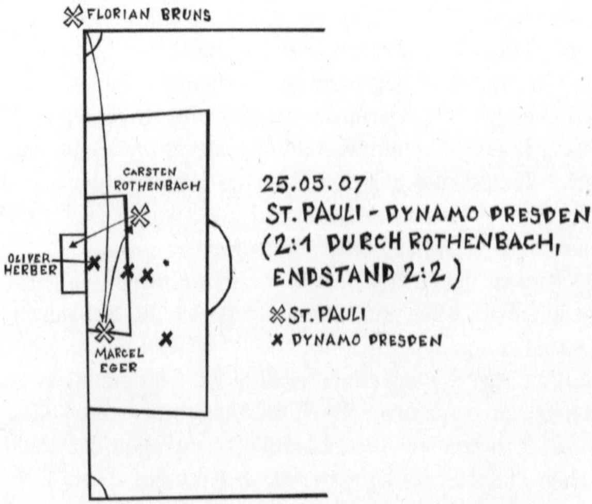

dreas Bergmann musste gehen, Holger Stanislawski kam – und auf einmal war alles anders. Braun-Weiß legte eine furiose Aufholjagd hin. Nach einem 3:0 in Erfurt hatte der FC St. Pauli zwei Spieltage vor Saisonende sechs Punkte Vorsprung vor der Konkurrenz. Ein Punkt gegen Dresden würde zum Aufstieg reichen.

Doch die Dresdner und ihr dauersingender Anhang wehren sich nach Kräften. Charles Takyi erzielt den Führungstreffer für St. Pauli per Elfmeter, Dresden gleicht noch vor der Halbzeit aus. »Es war, als wenn du eine Schockstarre hast«, gesteht Mittelfeldspieler Fabian Boll. »Die Konzentration war total weg.«

Als Carsten Rothenbach in der 83. Minute nach einer Ecke das 2:1 köpft, bricht im Stadion ein Orkan los. In der 90. Minute gleicht Dresden erneut aus und sorgt für kollektives braun-weißes Nägelkauen. Dann Mazingus Pfostenschuss. Der Rest ist grenzenloser Jubel.

Bis spät in die Nacht feiern die Kiezkicker auf der Reeperbahn mit 60000 enthemmten Fans. Mittendrin der Fehlschütze: Michél Mazingu-Dinzey schmaucht genüsslich eine fette Zigarre. Wie viel Glück im Unglück er gehabt hat, weiß er in diesem Augenblick nicht: »Wenn wir nicht aufgestiegen wären«, verrät Mannschaftskapitän Fabio Morena, »hätte ich ihn umgebracht.«

2007

Millerntor bleibt Millerntor 121

117 126 119 122 119 123

Nicht nur die Fans des FC St. Pauli sind kritisch (*siehe 066*) – sondern auch seine Mitglieder. Über 30000 waren es 2021 zu seinem 111. Geburtstag. Längst nicht alle nutzen ihr Stimmrecht auf den Jahreshauptversammlungen, doch jene, die es tun, nehmen immer wieder selbstbewusst Einfluss. Mit großer Aufmerksamkeit verfolgten Fußballfans und Medien in ganz Deutschland eine Debatte im Herbst 2007: Genervt von Namensschöpfungen wie »easyCredit-Stadion«, »Playmobilstadion« oder »HSH Nordbank Arena«, hatten zwei Mitglieder den Antrag gestellt, den Verkauf der Namensrechte am Millerntor auszuschließen. Die Vereinsführung hatte diesen Schritt unter anderem erwogen, um neue Einnahmen für einen raschen Weiterbau des neuen Stadions zu generieren. Dass die Mitglieder den Antrag annahmen, sieht der damalige Geschäftsführer Michael Meeske »mit einem weinenden und einem lachenden Auge: Kurzfristig ist ein beträchtliches Budget verlorengegangen. Andererseits glaube ich, dass das Festhalten am Stadionnamen ›Millerntor‹ die Marke ›FC St. Pauli‹ mittel- bis langfristig stärkt.«

Auch einer geplanten Stadionwährung namens »Millerntaler«, die für höhere Catering-Umsätze durch beschleunigte Bezahlung sorgen sollte, erteilten die Fans eine klare Absage. Nach vehementen Protesten, unter anderem durch eine eigens gegründete Gruppierung mit dem selbstironischen Namen »Sozialromantiker-Initiative«, wurde der »Millerntaler« auf Eis gelegt.

Der Verein erkannte den Gesprächsbedarf und initiierte einen bundesweit einmaligen »FC St. Pauli-Kongress«. Drei Tage lang diskutierten Hunderte Fans »auf Augenhöhe« mit Vereinsmitarbeitern und -präsidium sowie Sponsoren, Medienvertretern und vielen weiteren Entscheidern. Am Ende standen Ergebnisse wie eine später durch die Vereinsmitglieder beschlossene Leitlinie, die das Selbstverständnis, aber auch Regeln für die Vermarktung des FC St. Pauli definiert.

St. Paulis Organisationsleiter Sven Brux, ein echtes Urgestein der braun-weißen Fanszene, zeigte sich hocherfreut: »Das gesamte Zuschauerspektrum war vertreten, egal ob jung oder alt, Steh- oder Sitzplatz«, so Brux: »Der Kongress hat den Glauben zurückgebracht an das alte, das andere St. Pauli.«

116 122

»Wir sind der FC St. Pauli und ein auf unsere Weise unersetzlicher Verein im deutschen Fußball, eben weil wir sind, wie wir sind – nämlich nicht, mit Verlaub, bei jedem Scheiß mit dabei.« Jochen Harberg und Michael Menges in der Begründung ihres Antrags gegen den Verkauf der Namensrechte am Millerntor-Stadion

2008

122 Der horizontale Aufstieg

120 124 121 123

»Da waren wir also«, erinnert sich »Gegengeraden-Gerd«, Satire-Kolumnist der Stadionzeitung »VIVA ST. PAULI«, an den August 2007: »Aufgestiegen, ausgenüchtert und aus'm Urlaub zurück. Der Kiez gefegt, das Aufstiegskonfetti recycelt. Am besten zu Papiertaschentüchern, hab ich gedacht. Fürs gemeinsame Heulen und Zähneklappern.«

Denn leicht, da dachten viele wie Gerd, würde der Klassenerhalt nicht werden. Die Medien schwärmten von der »stärksten 2. Liga aller Zeiten« und zählten voll Ehrfurcht die vielen Nationalspieler: Sechs in Freiburg. Fünf in Kaiserslautern, Köln und Mainz. Vier in Mönchengladbach. Null bei Erzgebirge Aue, Wehen Wiesbaden und – dem FC St. Pauli. Der war zwar wirtschaftlich wieder gesund, doch sein Anteil am Gesamtetat der Zweitligaclubs (rund 225 Millionen Euro) war kaum ein Trinkgeld, schon wegen der viel geringeren Fernsehgelder für einen Aufsteiger aus der 3. Liga. Andere Vereine trumpften dagegen mit wahren »Monster-Etats« auf, etwa Borussia Mönchengladbach (40 Millionen Euro) oder der 1. FC Köln (30 Millionen Euro).

Das »Underdog-Gefühl« war ans Millerntor zurückgekehrt. Und einige Spiele verstärkten es noch. Zum Beispiel die Saisoneröffnung gegen Köln, als der FC St. Pauli das Spiel bestimmte und doch 0:2 verlor. Oder das »Oktoberfast« bei 1860 München: ebenfalls ein großartiges Spiel – und doch fuhr St. Pauli ohne Punkte nach Hause. In der Rückrunde gelang erst nach acht Spielen der erste Sieg. Prompt folgte ein verheerendes 1:4 in Paderborn.

Auf der Suche nach überirdischem Beistand schickte die »Bild«-Zeitung einen Recherchetrupp zur Wahrsagerin Esmeralda. Ergebnis: »Habt keine Angst, das Glück ist mit euch.« Im Ergebnis behielt Esmeralda recht, wenn es auch weniger Glück und mehr Können war, das den St. Paulianern am Ende der Saison 2007/08 den neunten Tabellenplatz bescherte. »Man hat gesehen, dass wir eine der fußballerisch stärksten Truppen der Liga haben«, lobte Aufstiegstrainer Holger Stanislawski. Beste Beispiele: das triumphale 5:0 gegen den hoch favorisierten SC Freiburg und das leidenschaftlich erspielte 3:1 gegen die technisch und taktisch starken Millionäre des späteren Aufsteigers Hoffenheim. »Das ist nicht mehr mein St. Pauli!«, riefen sich an Abstiegsdramen und Regionalliga-Elend gewöhnte Fans in gespieltem Entsetzen zu und lagen sich selig in den Armen. Höhenflug statt Absturz? Auch »Gegengeraden-Gerd« war begeistert: »Wer als Aufsteiger so in der Liga bleibt«, schrieb er, »der hat nicht nur den Klassenerhalt geschafft. Sondern den horizontalen Aufstieg.«

121 **Die »geheime Vereinssatzung des FC St. Pauli« – vor 2008**

124

»§ 1 Du sollst nicht schön spielen, denn das ist bourgeois.

§ 2 Versuch es erst gar nicht, sondern hau das Ding einfach weg.

§ 3 Die Leute werden das gut finden, sie halten das für unbeugsam.

§ 4 Fußballerbeine zu Pflugscharen.

§ 5 ›Fest entschlossen sein, keine Opfer scheuen und alle Schwierigkeiten überwinden, um den Sieg zu erringen!‹ (Mao)«

Nach dem Besuch des Spiels 1. FC Köln – FC St. Pauli im Februar 2008 schreibt der Journalist Christoph Biermann in der »taz« »über Braun-Weiße, die Schönspielen für bourgeoise Kunst hielten, früher einmal« – und zitiert verdattert fünf offenbar außer Kraft gesetzte »Gebote«, die beim FC St. Pauli einst dafür gesorgt hätten, »dass man nicht seine Spiele anschaute, sondern seine Fans«.

2009

123 Vandalismus und Kinderspiel

121

122

126

Statt mit Fahnen und Transparenten kamen die Fans am 9. November 2009 mit Kettensägen, Flex-Trennschleifern und Werkzeugkästen ins Millerntor-Stadion. Was sich nach Vandalismus anhört, war vom FC St. Pauli erwünscht: Im Zuge der Stadionrekonstruktion sollte eine neue Haupttribüne das alte Bauwerk ersetzen. Vor dessen Abriss konnten sich St. Pauli-Fans Teile des Mobiliars sichern; der laufende Meter Holzbank zu 5 Euro, die knallrote Sitzschale zu 19,10 Euro. Und so herrschte geräuschvolle Geschäftigkeit an diesem Novembertag. Über 800 Fans schwangen Hämmer, Sägen und Schraubenschlüssel.

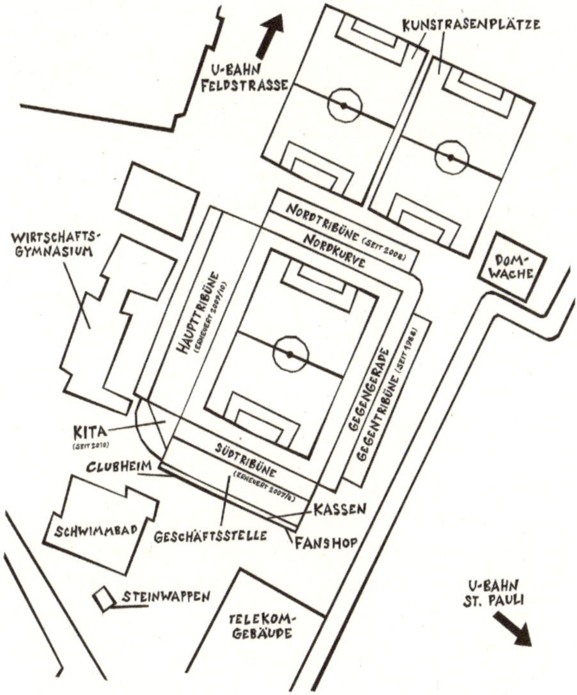

Das Millerntor-Stadion 2010

Drei Tage danach lud der FC St. Pauli zur Abrissparty. Präsident Corny Littmann persönlich leitete den Abriss als Baggerfahrer ein. Wenig später war die alte »Haupt« verschwunden, und die neue konnte entstehen: mit 4500 Sitzplätzen, 20 neuen Logen und einer Kindertagesstätte als Eckbebauung. Damit schützt der Verein die Anwohner vor Stadionlärm – und seine Fankurven vor Nachwuchssorgen.

2012–13 folgte die Gegengerade, 2014–15 die Nordkurve. Damit war das neue Stadion komplett. Teile der alten Gegengerade leben im »Bauch« der neuen weiter: im FC St. Pauli-Museum am Millerntor.

124 Vier Tore bis zur Seligkeit

117 126 122 116 112

Am 2. Mai 2010 war der Aufstieg in die 1. Bundesliga zum Greifen nah. Ein Sieg gegen die Spielvereinigung Greuther Fürth, und das große Ziel wäre erreicht, schon am vorletzten Spieltag. Über 10000 St. Paulianer begleiteten ihre Mannschaft in den Süden.

Das Spiel begann mit einem Schock: In der 14. Minute zog sich Torwart Mathias Hain nach einem Zusammenprall eine schwere Platzwunde zu. 20 Minuten später war sein Stellvertreter Benedikt Pliquett machtlos gegen das 1:0 der Fürther. Schreckensvisionen von einem nervenzerreißenden Herzschlagfinale am Millerntor machten die Runde.

Doch nach der Halbzeitpause wendete sich das Blatt. In der 51. Minute drosch Deniz Naki den Ball zum Ausgleich in die Maschen, und in der 65. Minute köpfte Marius Eb-

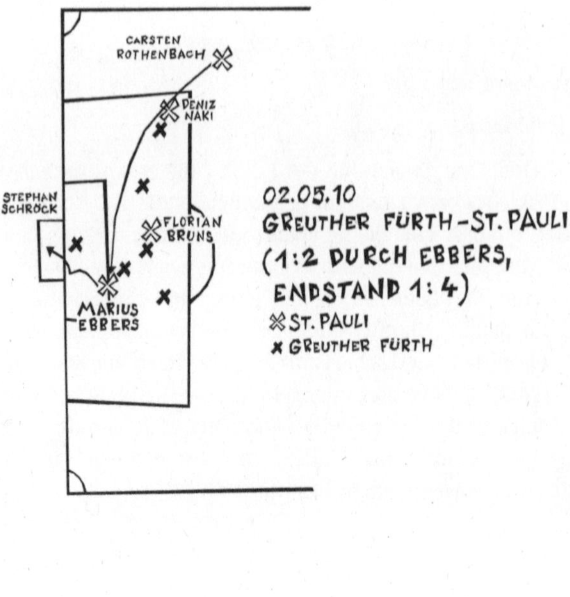

bers das 2:1. Charles Takyi (73.) und Rouwen Hennings (88.) besorgten den 4:1-Endstand. Drei Punkte und sechzehn Tore Vorsprung vor dem FC Augsburg: St. Pauli war nach menschlichem Ermessen nicht mehr einzuholen. Die umsichtigen Fürther Ordner öffneten die Tore, und bald tummelten sich Trauben freudetrunkener St. Paulianer auf dem Rasen des Playmobilstadions.

Das letzte Spiel am Millerntor gegen Paderborn wurde ein »Schaulaufen« – allerdings erst nach dem Schlusspfiff. Das Spiel verlor der FC St. Pauli mit 1:2 und verspielte damit die noch mögliche Zweitligameisterschaft. Die Fans nahmen es mit Humor: »Und schon wieder keine Schale, St. Pauliiiii!«, hallte es von den Rängen. Doch dann die Überraschung: Kurz nach Spielende ertönten ein zweites Mal die »Hell's Bells« von AC/DC, die seit der Rückrunde 2000/01 die Mannschaft beim Einlaufen ins Stadion begleitet hatten (zeitgleich hatte der Verein auch Blurs »Song 2« als Tormusik eingeführt). Die St. Paulianer betraten erneut den Rasen – und gaben einen spielerischen Vorgeschmack auf die nächste Saison: eine Mannschaft in den Trikots der Bundesliga gegen ein Team in Braun-Weiß. Timo Schultz, im Jersey des für seine Fallsucht verschrienen HSV-Mittelfeldmanns David Jarolim, schwalbte schon beim Auflaufen nach allen Regeln der Kunst über den Rasen und lieferte sich Verbalscharmützel mit Rouwen »Frings« Hennings im Werdertrikot. Ergebnis: Platzverweis durch Teammanager und Pressesprecher Christian Bönig, der den Schiedsrichter gab. Rote Karte schon vor Spielbeginn – selbst für den legendär temperamentvollen »Schulle« ein Rekord. Natürlich ließen die St. Paulianer ihren Gegnern im lustvoll zelebrierten Schau-Spiel keine Chance. Am Ende ließ Ralph Gunesch die versammelte »Bundesliga« wie Schaufensterpuppen stehen und hämmerte den Ball sehenswert ins Netz. Der Rest war Feiern.

122

»Komisch, nicht? Normalerweise vergeigt St. Pauli doch immer, wenn es um etwas geht!« Mittelfeldspieler Fabian Boll, früher selbst Dauerkartenbesitzer, über eine lange für zeitlos gehaltene Fan-Weisheit

---

125 We love Sankt Pauli, we do

118

We love Sankt Pauli, we do,
We love Sankt Pauli, we do,
We love Sankt Pauli, we do,
Saaankt Pauli – we love you!

2010

126 Der Jahr100-Verein

107 124 121 123

So hätten sich viele Fans des FC St. Pauli das Jubiläumsjahr ihres Vereins nicht vorgestellt, selbst in ihren kühnsten Träumen: Der »herrlich verrückte Chaos-Club« vom Kiez wird hundert, und pünktlich zum runden Geburtstag steigt der rüstige Jubilar in die 1. Bundesliga auf, begeistert mit hochklassigem Fußball und stellt nebenbei auch noch seine neue Haupttribüne fristgerecht fertig – ganz ohne Schildbürgerstreiche und Katastrophen. Unaufgeregt und stetig arbeitet die sportliche Leitung an der Verbesserung der Mannschaft, und an die Stelle der sprichwörtlichen »Misswirtschaft« sind solide Planung und schwarze Zahlen getreten. Und wieder ist da diese Mischung aus Freude und Fassungslosigkeit bei vielen Fans, die schon den souveränen Klassenerhalt nach dem Aufstieg in die 2. Liga begleitet hatte (*siehe 122*): »Ist das noch mein St. Pauli?« Das Einzige, wobei der einstige »Loserclub« 2009/10 ernsthaft versagte, war das Versagen, und den besten Ratschlag zur Situation hatten die offiziellen Aufstiegs-T-Shirts parat: »Einfach mal glücklich sein!«

Die meisten waren es und genossen die Aufstiegsfeiern ebenso wie die vielseitigen Veranstaltungen zum 100. Vereinsgeburtstag: die Jubiläumsspiele gegen Celtic Glasgow und United of Manchester, die Jubiläumsausstellung, ein Vereinsfest mit allen Abteilungen vom Bowling bis zum Blindenfußball – und das große Jubiläumskonzert am Millerntor, ein Festival von Fans für Fans: Fast alle Musiker, Organisatoren und Helfer waren St. Paulianer und engagierten sich ohne Bezahlung. Der gesamte Erlös der Veranstaltung kam sozialen Projekten im Stadtteil zugute. Das »Abendblatt« kommentierte das hochklassige Konzertprogramm anerkennend: »Mal angenommen, der HSV hätte irgendwann irgendetwas zu feiern, dann käme Lotto King Karl. Punkt.« Für den FC St. Pauli sangen unter anderem Fettes Brot und Kettcar, Bela B von den Ärzten und die mexikanischen Superstars Panteón Rococó, die das Stadion mit einem donnernden »Alerta! Alerta! Antifascista!« zum Beben brachten. Dass auch ein Kinderchor aus dem Stadtteil und ein Shanty-Chor auftraten, der Klassiker aus der Fankurve wie »Wir sind Zecken, asoziale Zecken« *(siehe 067)* zum Besten gab, verlieh dem Festival seinen besonderen Charme.

Mit einem innigen »You'll never walk alone«, gesungen von Paul, Sänger der schottischen Wakes, und den Fans, ging am Millerntor ein Abend zu Ende, der eindrucksvoll in Erinnerung rief, dass in den ersten 100 Jahren des FC St. Pauli zwischen Wundern und Pleiten, Widerspruch und Gemeinsamkeit etwas Besonderes herangewachsen ist.

Nun gilt es, dieses Besondere zu wahren – in einem schwierigen Spagat zwischen Kommerzialisierung und Identität, wirtschaftlichen Sachzwängen und Faninteressen. Einer, der die Entstehung des »Mythos St. Pauli« hautnah miterlebt und gestaltet hat, ist zuversichtlich, dass er gelingen wird: »Das Gesamtkunstwerk ›FC St. Pauli‹ ist ein anderes als zu unserer Zeit«, meint Torwart-Ikone Volker Ippig. »Aber es lebt – und entwickelt sich ständig weiter.«

Register